现代化档案管理与服务研究

吴巧玲[等]◎ 著

吉林科学技术出版社

图书在版编目（CIP）数据

现代化档案管理与服务研究 / 吴巧玲等著. -- 长春：
吉林科学技术出版社，2022.11

ISBN 978-7-5578-9872-4

Ⅰ. ①现… Ⅱ. ①吴… Ⅲ. ①档案管理－研究 Ⅳ.
①G271

中国版本图书馆 CIP 数据核字(2022)第 201638 号

现代化档案管理与服务研究
XIANDAIHUA DANGAN GUANLI YU FUWU YANJIU

作　　者	吴巧玲 [等]
出 版 人	宛　霞
责任编辑	王天月
幅面尺寸	185 mm×260mm
开　　本	16
字　　数	251千字
印　　张	11.25
版　　次	2023 年 5 月第 1 版
印　　次	2023 年 5 月第 1 次印刷

出　　版　吉林科学技术出版社

发　　行　吉林科学技术出版社

地　　址　长春市净月区福祉大路 5788 号

邮　　编　130118

发行部电话/传真　0431-81629529　81629530　81629531
　　　　　　　　　　81629532　81629533　81629534

储运部电话　0431-86059116

编辑部电话　0431-81629518

印　　刷　北京四海锦诚印刷技术有限公司

书　　号　ISBN 978-7-5578-9872-4

定　　价　70.00 元

前　言

　　档案是历史的真实记录，通过档案我们可以了解过去、把握现在、计划未来。在我国的社会发展实践中，档案能够为人们的生活与工作提供重要的信息资源，也能够为维护广大人民的合法权益提供有效的支持。因此，应重视发展档案事业，做好档案管理工作。人事档案的完整、准确、安全，对组织全面、准确地了解和考察人员情况具有重要意义。人事档案管理在人事管理中具有结果性和前端性的双重属性，是人事工作的核心组成部分和关键环节，起着重要的承上启下和信息支撑作用。新媒体的出现，促进了档案信息化的发展，特别是必将促进档案信息服务在传播理念、传播渠道、传播模式、传播主体等方面的变革。新媒体的出现也将促进移动档案馆成为数字档案馆的补充和延伸。

　　因时代的不断变化和进步，我国的档案管理工作逐渐走向信息化和数字化的管理。因此对现代化的档案管理与服务的研究就显得尤为重要。本书从档案管理工作的认知入手，论述了档案管理工作的主要内容，然后对现代档案管理的信息化模式进行了探索，并针对人事档案的数字化与数据库建设做了具体研究，最后就现代新媒体和大数据环境下档案管理服务的创新进行论述，本书可为从事现代档案管理工作，尤其是人事档案信息化管理工作的人员提供参考。

　　本书在撰写过程中，参考了档案管理方面的相关著作，也对国内外大量的研究成果进行了参阅、吸收和采纳，由此获得了丰富的研究资源。在此，向这些学者致以诚挚的谢意。由于时间、水平与精力有限，本书难免存在一些不足之处，恳请广大读者批评指正。

目　录

第一章 档案管理工作的认知

第一节 档案的内涵

随着现代文明社会的发展，"档案"早已成了人们耳熟能详的一种东西，它出现在人们生活、学习、工作中，贯穿于科研、医疗、诉讼等各个方面，人人都会与它打交道。可以说，档案记录了人们整个生命的一切活动。为了保证档案的完整性、原始性等，档案管理工作应运而生。这是一项复杂且系统的工作，要对这项工作有一个清晰的认识，首先必须对档案本身有一定了解，然后才能展开对档案的管理工作。

档案是档案管理工作的核心内容。虽然现在的人们对档案已经不再陌生，但是对档案的定义、特点等却没有一个清晰的认识。

一、档案的定义

"档案"一词在明末清初已被使用，"档"在《康熙字典》中被解释为"横木框档"，就是木架框格的意思；"案"在《说文解字》中被解释为"几属"，就是小桌子一类的物品。由此引申，又把处理一桩事件的有关文书叫"一案"，并通称收存的官府文书为"案"，或"卷案""案卷"。"档"和"案"字连用，就是存入档架收藏起来的文书案卷。在我国比较权威的定义有两个。

一是，档案，是指过去和现在的国家机构、社会组织以及个人从事政治、军事、经济、科学、技术、文化、宗教等活动直接形成的对国家和社会有保存价值的各种文字、图表、声像等不同形式的历史记录。该定义详细地说明了档案的形成者、产生领域、特点和形式。

二是，档案是国家机构、社会组织或个人在社会活动中直接形成的有价值的各种形式的历史记录。

二、档案的特点

根据档案的定义，显示其有以下几方面特点：

（一）来源的广泛性

档案是国家机构、社会组织和个人在各项活动中直接形成的，从某个角度来说，人们整个生命活动就是处于信息的生成、利用的循环过程之中。档案对这些信息进行了承载，它伴随着人们生命的开始而开始，并贯穿于人们的整个生命活动之中。具体地说，档案来源于各种机构和个人，是在他们从事政治、经济、科学、技术、文化、宗教等活动中产生的。前者包括机关、团体、军队、企事业单位等组织，后者涵盖了家庭、家族和个人。可见，档案的形成主体几乎包含了社会活动的所有主体，也正是因为这样，档案具有来源广泛的特点，同时也使档案内容具有丰富性，档案事务具有社会性。

（二）形成的原始性

这是档案最显著和最重要的特征。原始性是指档案的历史记录性，是档案的本质属性。档案是根据某一原始材料直接转化形成的，不存在事前编纂、事后编写的情况，更不是杂乱无章随意搜集而来的。众所周知，档案是信息载体的其中一种，信息还有许多载体，如图书、情报、资料等。虽然信息载体众多，但是却不是所有的都能被视为档案。这是由档案自身的特点决定的。人们的各种实践活动、社会生活都是档案生成的源泉，它客观、直接地记录了活动主体的活动历史，是"第一手资料"，这就决定了档案具有原始性、真实性，也从而使档案具有了证据作用以及依据作用。而之前提到的情报、图书、资料等，是搜集、交流得来的，不是由社会活动直接生成的，属于"第二手资料"，真实性存疑，因而不具有参考价值，不能转化成档案。

（三）形式的多样性

历史是不断发展的，社会也在随之进步。风云变幻之间，档案的形式也经历了多种变化，这种变化主要是因为记录信息的方式和载体发生了变化。从记录信息的方式来看，经历了刀刻、手写、录音、摄影、录像等的变化；从记录信息的载体来看，经历了甲骨、金石、青铜、竹简、缣帛、纸张、磁带、胶片、光盘等的变化。此外，表达方式的变化也决定了档案形式的多样性，如文字、图像、声音等。

（四）生成的条件性

档案在成为档案之前，首先是文件。但并不是所有的文件都可以成为档案，这之间的转化必须有特定的条件支撑才足以完成。首先，要转化成档案的文件必须是已经处理完的，正在处理的文件材料不能算是档案材料，只有当一份文件已经完成了传达和记录的使命，它才具有参考的作用，也才可以转化成档案。其次，文件要转化成档案必须具有保存利用价值。不是所有处理完毕的文件都可以形成档案，必须对其进行筛选。保留其中对今后工作或者科学研究有参考、利用价值的，这样的文件才可以转化成档案。可见，档案是文件筛选过后留下的精髓。最后，档案必须是整理过后形成的有序的、完整的文件材料，不是杂乱无章的、没有条理的。换句话说，必须将文件材料按照一定的方法有机地进行整理，才能使其成为有意义的档案。

三、档案的一般作用

档案的一般作用是指档案价值的外在和具体表现形式。档案产生于丰富的社会实践中，能够广泛地满足社会需求，因此，它的一般作用是很广泛的。

（一）机关工作的查考凭据

档案是机关工作的参考证据。档案是各种机关、单位过去活动的真实记录，它是任何机关单位连续工作必须查考的凭据。各种机关单位为了有效地实行管理，必须切实地掌握材料。档案可以为机关、企事业等单位的领导工作和业务管理，提供证据和咨询资料，借以熟悉情况、总结经验、制订计划、进行决策、处理各种问题。若是只凭借工作人员的记忆处理各项工作失误而没有任何凭证，那极有可能造成工作的不准确。

（二）生产活动的参考依据

档案脱胎于社会生活实践，在记载史实情况的同时，自然也会有反映自然环境、生产条件、社会发展、劳动经验等方面的内容。以上这些都可以在人们进行生产活动时加以参考、参谋。

（三）科学研究的可靠资料

任何一种研究都必须以广泛地占有资料为基础，以资料的真实可靠性为前提。在科学研究中，档案不但能通过原始的记录提供直接借鉴，而且可以通过分析、概括、总结、实验等手段获得间接参考，由此可见，科学研究必然离不开档案。

（四）政治斗争的必要手段

档案总是在一定的社会制度中产生，由一定的阶级和政治集团形成，它记录和反映了社会上各阶级、政治团体等各方面的情况档案历来是阶级统治和政治斗争的必要手段。

（五）宣传教育的生动素材

和其他宣传材料相比，档案以原始性、直观性、具体性和生动性等特点见长。利用档案著书立说、报告演讲、进行文艺创作、举办各种展览等将具有强烈的说服力和感染力。

（六）文化传承的珍贵资料

一般而言，时间和作用范围成正比。档案在形成之初的相当一段时间内，主要是对形成者本身有用，是为形成单位工作和生产活动提供查考利用，档案发挥作用的主要对象是本单位。随着时间推移、社会的不断发展，档案在本单位的现行效用会逐渐降低，档案进入档案馆管理阶段后，利用服务的范围向社会扩展。与此同时，社会各界对这些档案的利用需要日益增强，人们有时候不仅仅需要利用自身的档案，还可能需要借助其他档案的帮助。在这种情况下，档案就逐渐变成了一种隐性财富。

四、档案的价值及其实现规律

（一）档案的价值

档案的价值一般体现在以下几个方面：

1.档案的凭证价值

档案的凭证价值是指档案作为证据作用的价值。档案的凭证价值与其原始性密切相关。档案之所以具有凭证价值，是由档案形成规律和档案自身的特点所决定的。

从档案形成过程及其结果上看，档案是从社会实践中诞生的，是被直接记录的，而不是在事后或者需要的时候编纂的、捏造的，因而具有客观性、真实性，足以令人信服。

从档案本身的物体形态上看，文件上保留着真切的历史标记：当事人的亲笔签署或者批示，机关或个人印信，原来形象的照片、录像和原声的录音等。这些就成为日后查考、研究、争辩和处理问题的依据。

2.档案的参考价值

档案的参考价值是指档案作为借鉴作用的价值。档案的参考价值与其记录性息息相关。

档案不仅记录了历史活动的事实和经过，而且记录了人们在各种活动中的思想发展。档案中有成功的经验和失败的教训，有思想观点和实验观察数据，有社会的变革和生产的发展，这些都可以为后来的人们提供借鉴，使人们在工作和学习中少走弯路，更加快速地达到目的。

（二）档案价值实现规律

档案价值的实现，有一定的规律，总结而言，具体如下：

1. 作用范围的递增性

档案对机关的作用一般称为档案的第一价值，对社会的作用则称为档案的第二价值。档案形成以后，在相当长时期内是作为机关、企业、事业等单位的工作活动必不可少的查考依据，档案发挥作用的对象和范围主要是档案形成者自身。这一阶段，档案的利用频率往往比较高，是发挥档案现实作用的重要时期。我国为数众多的档案室，是实现档案第一价值，并为实现档案第二价值奠定基础的重要场所。

档案的第一价值实现到一定的程度后，形成机关对这些档案利用的现实需要会逐渐淡化。档案在本单位保管若干年后，其作用便冲破原有的形成单位而扩展到国家和社会，过渡到第二价值。

2. 机密程度的递减性

档案随着人类社会活动而产生，人们的某些活动，涉及国家或个人的利益、安全及隐私，在一定时期或范围内不能公开，档案是有一定的机密性的。档案的机密性要求将档案的阅读和了解控制在一定的时间或范围内。档案的机密程度在确定之后并非一成不变的，从总体上讲，随着时间的推移，档案的机密程度将会越来越小，档案的保管时间与机密程度成反比，机密程度呈现递减趋势。

3. 作用的转移性

档案在行政领域内发挥的作用被称为行政作用，在科学文化领域内发挥的作用被称为科学文化作用。随着时间的推移，档案的行政作用会不断减弱，而科学文化作用会不断增强。

就宏观的档案领域而论，档案行政作用和科学文化作用一直是同时存在的。但从微观的特定部分的档案来看，这两种作用并非始终均衡地存在。档案的前身——文件是以处理现行事务为目的的，文件转化为档案之初，档案主要面向立档单位服务并主要作为查考凭据和业务活动的参考依据而指导工作、参与管理，发挥行政作用。随着时间的推移，保存时间较长的档案与现行事务的联系越来越少，档案发挥作用的范围和主要方面都会逐渐发生变化，其作用范围会逐渐扩大到面向社会，由主要工作的查考凭据和业务活动的参考依据逐渐转变到主要作为科学研究的可靠资料和宣传教育的生动素材，从而使档案的科学文化作用跃居首位。

4. 发挥作用的条件性

档案价值的实现，受到一定的环境和条件的制约与影响。综合起来，影响档案价值实现的环境：一是社会政治环境，主要包括社会制度、法律法规、国家方针、政策和战争等环境。二是社会经济文化环境，包括国家和地区的经济和文化的发展水平，一般经济文化发达地区社会文明程度较高，档案事业就比较先进，社会档案意识就高，社会对档案的利用要求较多；三是档案工作内部环境，包括档案管理水平、档案学理论研究水平、档案工作者素质等。所有这些都在一定程度上影响着档案价值的发挥。

第二节　档案工作的原则与性质

由上节内容可知，档案有其自身固有的特点，而且划分标准不同，其种类也不同。这些都对档案工作提出了要求，促使其必须按照一定原则进行工作。而在档案自身特性的驱使下，使档案工作具有了其他工作所没有的性质。

一、档案工作的原则

档案工作实行统一领导、分级管理的原则，维护档案完整与安全，便于社会各方面的利用。我国用国家法律的形式确定了我国档案工作的基本原则。事实上，这一基本原则，是在长期的档案工作实践过程中逐步形成和确定下来的。我国档案工作原则的内容由三个互相联系的有机组成部分构成。

（一）统一领导，分级管理

统一领导，分级集中地管理国家全部档案，这是我国档案工作的组织原则和管理体制，它是多年来行之有效的档案和档案工作"集中统一管理"原则的继续和发展。其基本内容可以概括为如下三个方面：

1.统一领导，统一管理

档案工作统一领导是指各级人民政府统一领导档案工作，国家档案工作由国务院直接领导，地方档案工作由地方各级人民政府统一领导。各级人民政府应当加强对档案工作的领导，把档案事业的建设列入国民经济和社会发展计划。

档案工作统一管理是指中华人民共和国国家档案局（以下简称国家档案局）对全国档案工作进行全面规划，统筹安排，制定统一的档案法规和业务标准、规划等，对全国的档案工作分级、分专业管理。

2. 档案工作由各级档案行政管理机构统一、分级、分专业管理

统一管理是指国家档案行政管理机关主管全国档案工作，对全国档案工作实行全面规划和统筹安排，制定统一的档案法规、方针政策和业务标准，实行统一的监督、指导和检查。

分级管理是指全国档案工作由各级档案行政管理机关分层负责管理。各地方档案行政管理机关，应按照国家有关档案工作的统一要求和规定，结合本地情况，制定本行政区域内的档案工作规划、制度、标准、办法等，对本行政区域内的档案工作进行指导、监督和检查。

分专业管理是指中央各专业主管机关在国家档案行政管理机关的指导下，针对本专业系统的特点，制定本专业系统档案工作的规划、制度和办法，并对本系统的档案工作进行指导、监督和检查，保证国家有关档案工作的方针政策在本专业系统地贯彻执行。

3. 实行党、政档案和党、政档案工作的统一管理

实行党、政档案和党、政档案工作统一管理，是我国档案工作管理体制区别于世界各国的特点之一。

我国党、政档案及档案工作统一管理的具体内容是：一个单位的党、政、工、团档案，由该单位档案室统一管理；各级党、政机关形成的具有长久保存价值的档案由中央档案馆和地方综合性档案馆统一管理；党的系统、政府系统的档案工作，由档案事业管理机关统一进行指导、监督和检查。

（二）维护档案的完整与安全

维护档案完整与安全，是档案管理的基本要求。只有维护档案完整与安全，才能维护党和国家的历史面貌，才能保证对档案的有效利用。

1. 维护档案的完整

维护档案的完整包括档案材料收集齐全和整理系统两方面：所谓收集齐全，是指凡是有保存价值的档案，都要求尽量收集齐全，不残缺，能反映出一个单位、一个系统、一个地区和整个国家社会活动的历史面貌；所谓整理系统，是指凡是有保存价值的档案，必须按照它们的形成规律，系统地整理，维护档案的有机联系，不能人为地割裂分散，或凌乱堆放，要能全面、系统地反映出一个单位、系统、地区和整个国家从事社会活动的过程和本来面貌。

2. 维护档案的安全

维护档案的安全有两方面的含义：一方面是档案实体的安全，另一方面是档案内容的安全。档案实体安全，就是在档案管理过程中，要求尽力改善档案保管条件，采用科学的

防护措施，使档案不受损坏，尽量延长档案的寿命。维护档案内容的安全，就是指档案在政治上、信息上的安全，要求对档案机密和需要控制使用的档案实行严格管理，确保机密档案不丢失、不泄密、不超范围扩散。

维护档案的完整与安全，是对整个档案工作的要求。从一定的意义上说，整个档案管理都是在进行维护档案的完整与安全的工作。维护档案的完整和安全不仅是档案保管工作的主要任务，也是档案收集、统计工作的重要任务之一，而档案整理和鉴定工作也直接有利于档案的完整与安全，就是档案的利用工作也必须在保证档案的完整与安全的条件下进行。由此可见，维护档案的完整与安全，是在档案工作中贯彻始终的一种要求。档案工作的一切管理原则、规章制度以至具体的技术处理工作，都必须贯彻这个要求。

（三）便于社会各方面的利用

档案能不能成为档案，还要看它是否能被社会各方面利用，只有达到这个标准，才能称之为合格的档案，而档案工作的核心是档案，自然也要以档案该性质为工作核心。可以说，档案工作都是以此为目的展开工作，并始终将这一思想贯穿在整个过程之中。

档案工作者只有牢记档案工作的根本目的，明确衡量档案工作成效的主要标准，才能较为妥善地处理档案工作内外关系中的各种矛盾，把档案工作做得更好。在档案工作基本原则中统一领导、分级管理是核心，没有统一领导、分级管理的组织保证就不会有档案的完整与安全，也就很难实现便于社会各方面利用的目的；维护档案的完整与安全是手段，便于社会各方面利用档案是目的，前者为后者提供保证和物质基础，而后者是前者的目的和方向。

综上所述，我国档案工作的基本原则，是一个辩证统一的有机整体，具有丰富的思想内容。它作为全部档案工作最基本的原则，影响和决定着档案工作各个环节的一切具体原则和方法。在档案工作中，必须始终遵循这个基本原则，才能使档案工作正常地进行，健康地发展。

二、档案工作的性质

档案工作是一项很重要的专门事业，是实现社会主义现代化建设，开展历史研究，进行各项工作的必要条件。做好档案工作，不仅是当前工作的需要，而且是维护党和国家历史真实面貌的重大事业。

（一）档案工作是一项管理性的、科学性的工作

从档案工作自身来说，它属于一种管理性的、科学性的工作。它又以专门的工作内容

及其特点，区别于其他管理工作。

　　一方面，就总的档案工作看来，它是一项专门业务。档案工作不生产物质财富，也不直接从事国家管理、进行决策及其他专业活动，档案主要也不由档案工作机构和档案工作人员产生和利用；档案工作是专门负责管理各部门形成历史文件的一种独立的专业，属于国家科学文化事业的组成部分。档案工作的任务就是要在统一管理国家档案的原则下建立国家档案制度，科学地管理这些档案，以便于国家机关工作和科学研究工作的利用。

　　我们可以看到，对档案的管理并不只是简单的保存、出纳，而是必须采取一套行之有效、科学的、规范的管理方法，使其处于有机整体之中，对其甄别、筛选、归纳都有据可依、有迹可循，使其满足社会各方面的利用。总之，档案管理离不开科学的考证、系统的整理，具有极强的科学性。

　　另一方面，从特定的部门、一定单位的档案工作看来，它又是某种工作管理的组成部分。档案，就其保存和流传归宿的程序，可以分作档案室阶段和档案馆阶段。档案室保存的档案，是本单位进行职能活动的历史记录。在档案室保存的阶段中，由于日常工作经常查考，所以档案参与单位管理活动。因此，档案室工作，也就是相应的工作活动的内容之一。在不同的机关，不同档案的管理，属于不同工作的管理范围，如会计档案工作和干部档案工作，分别为财务管理和干部管理工作的一部分。科技档案工作，则是生产管理、技术管理、科研管理的重要组成部分。

　　鉴于档案管理是一项科学性的工作，这也就要求档案工作人员必须具有相关的科学知识。首先，一个档案工作人员必须具有档案学相关的知识，尤其是要熟练掌握档案管理的理论、方法与技巧，这是一个专业的档案工作人员必须具有的专业基本功。同时，也要学习和掌握有关的（起码与所藏档案相应的）历史知识和部门专业知识，特别要具备识别、研究和系统地管理档案的能力。其次，也要学习和掌握与档案管理有关的一般科学文化知识，特别要具备运用档案管理的各种方法和管理手段所需要的基础知识。应该指出，档案工作要积极地、逐步地学习和掌握档案管理现代化的知识和技能，以适应社会主义现代化建设对档案工作新的迫切需要。

（二）档案工作是一项服务性的、条件性的工作

　　从档案工作同其他工作的关系来说，它属于一项服务性的、条件性的工作。尽管我们的生活中有许许多多的服务性工作，但是通过管理和提供档案为各项工作服务的，只有档案工作而已。

　　很多时候，社会主义事业发展需要档案提供信息，档案部门正是为此服务。其日常对

档案的研究、编著,都是为了社会各方面在使用档案的时候能够更加便捷、方便、全面、准确,保证党和国家各项工作有充足的资料得以开展。以上种种也足以表明档案工作有着举足轻重的社会地位、深刻主要的影响,它将社会主义各项事业有机地、有序地联系在一起,并对党和社会各项事业提供保障、参谋的服务,是一项完全的后勤性质的服务工作。

档案工作的服务性,是档案工作赖以存在和发展的基本因素。回望历史发展过程,无论在哪个历史阶段,档案都是在为了政治、经济、文化服务,这些既是档案的服务对象,也是其得以发展的依赖,否则档案就没有存在的必要和基础。翻看古今中外档案发展的历史,基本都是沿着这样的规律发展进行的。再看一看中国,自中华人民共和国成立以来,档案工作的服务对象一直是社会主义事业。在社会主义事业的推动下,档案工作也得到了极大发展。但是囿于某些历史因素,档案工作有时不但没有发挥其作用,反而出现了停滞或者倒退的现象。如今,我国进入社会的新发展时期,国家和社会各方面都开始越来越重视档案工作,这是因为各行各业对档案的需求越来越大,其发展有赖于档案的帮助。档案的服务作用得以更充分的发挥。

(三) 档案工作是一项政治性的工作

在还有阶级斗争的条件下,从档案工作在政治斗争中所起的作用来说,它是一项具有政治性的工作。在剥削阶级作为阶级消灭以后,阶级斗争已经不是主要矛盾。由于国内的因素和国际的影响,阶级斗争还将在一定范围内长期存在,在某种条件下还有可能激化。既要反对把阶级斗争扩大化的观点,又要反对认为阶级斗争已经熄灭的观点。我国的档案工作不是一般的服务性行业,在国内外的政治斗争中,档案工作总是巩固人民民主专政、维护国家机密和历史财富的重要阵地之一。

档案工作的服务方向是档案工作政治性的集中表现。回顾历史可知,档案工作从来就不是独立的,它被控于一定的阶级手里,为当时环境下的政治制度、发展路线服务。今天,我们处于社会主义社会,而档案工作为谁服务这个问题仍旧不可轻视,一旦处理不好,即有可能造成非常严重的政治后果,因此必须严正以待。我们能确定的是,在社会主义的今天,档案工作的进行,必须坚持四项基本原则,必须把工作着重点切实地转移到为以经济建设为中心的社会主义现代化建设服务中来。

档案工作的机要性也是档案工作政治性的表现之一。所谓机要性,这不仅仅是因为档案自身固有的特点,更是源于国家的利益。查阅古今,环顾中外,保密可谓是档案工作一直以来的要求。就拿我国来说,政治、经济、科学技术、军事等方面的档案大多都是保密的。国际上的反动势力和我国的敌对分子对这些保密的部分都虎视眈眈,觊觎窥探。由于科学技术飞速发展，窃密与反窃密斗争更为尖锐复杂，尤须提高警惕。不仅仅是面对外部情况，在我们国家内部，有些档案也是要保密的，不能对所有人公开，有的档案甚至要一直保密。这是因为有的档案一旦公开会不利于社会稳固、人民团结，会对社会主义事业的建设造成破坏。鉴于此，档案工作者必须时刻不动摇保密观，从各方面利用各种手段对党和国家的机密进行维护。

人们历来都将档案资料视为历史，而这历史的记录中不乏篡改历史与维护历史真实性的斗争。回顾中国历史，很多人为了一己之利篡改、歪曲历史，但是也有不少忠良、正直之人不畏强权依史记录。排除历史和阶级的局限性来看，秉笔直书、据实立档才是档案工作的主流。不仅仅是历史，社会现实也在告诉我们，出于政治利益或者某些原因，篡改历史的行为时至今日依旧存在。作为历史史实的"第一手资料"，档案工作必须保持绝对的客观性、真实性，只有这样才能维护、再现历史的真实面貌，保证党和国家的形象表里如一。鉴于以上内容我们可以知道，做好档案工作是一项基于社会现实的、与历史发展同步的、绵延千万年的重要事业。

维护党和国家历史的真实面貌，是一种严肃的政治斗争。档案工作者必须加强党性，坚持辩证唯物主义和历史唯物主义，实事求是，要有立档不怕杀头的精神，保护档案的真迹不受破坏和歪曲；应当积极地提供档案用以编修史志，用档案印证历史，校正史实，使档案得到正常的利用；要同一切破坏档案、歪曲历史的行为进行坚决的斗争。

第三节 档案工作的组织体系与制度建设

档案工作必须在合理、科学的组织体系下才能沿着正确的道路前行。在我国，档案工作的组织体系由档案室、档案馆、档案行政管理部门以及其他辅助性机构共同构成。制度建设也是档案工作的重要部分。

一、档案工作的组织体系

（一）档案室

1.档案室的性质

档案室是各组织（包括机关、团体、学校、工厂、企业、事业单位等，下同）统一保存和管理本单位档案的内部机构，是整个机关的组成部分，属于单位管理和研究咨询性质的专业机构。党、政、军等机关单位的档案室，又是机关的机要部门之一，具有机要部门性质。从全国档案工作来说，档案室又是国家档案工作组织体系中最普遍、最大量、最基层的业务机构，应向各级国家档案馆移交具有长远保存价值的档案。

2. 档案室的地位和作用

（1）档案室是机关、团体、企业事业单位一个不可缺少的内部组织机构

档案室是机关、团体、企业、事业单位内具有参谋和咨询作用的部门，是机关工作的助手。档案室为机关的领导工作和机关内各部门的工作提供参考和依据的档案材料，为机关的工作和生产活动服务，它是提高机关工作效率和工作质量的必要条件，是维护机关历史面貌的重要机构。

（2）档案室是整个档案工作的基础

档案室是国家全部档案不断补充的源泉，整个国家档案的完整程度和连续积累，首先决定于档案室。在全国档案、工作组织体系中，档案室是档案形成后首先提供利用，大量发挥现实作用的前哨。档案室中具有长远利用价值的档案最终要过渡到档案馆，因此档案室档案工作的好坏直接关系到档案馆档案质量的高低。

3. 档案室的职责

档案室的职责包括以下内容：

①贯彻执行有关法律、法规和国家有关方针政策，建立、健全本单位的档案工作规章制度。

②指导本单位文件、资料的形成、积累和归档工作。

③统一管理本单位的档案和相关资料，积极组织提供利用，定期把具有长远保存价值的档案向有关档案馆移交。

④监督、指导所属机构的档案工作。

（二）档案馆

1. 档案馆的性质

档案馆属于党和国家的科学文化事业机构，是永久保管档案的基地，是科学研究和各方面工作利用档案史料的中心。

我国多数档案馆是统一保管党组织和政府机关档案的管理部门，所以它既是党的机构，又是国家的机构。根据有关文件的规定，各级档案馆是各级党委和人民政府的科学文

化事业机构。

2. 档案馆的主要职责

中央和地方各级国家档案馆，是集中保存、管理档案的文化事业机构，由中央和地方各级档案行政管理部门或者有关部门归口管理，主要职责包括以下内容：

①收集和接收本馆保管范围内的对国家和社会有保存价值的档案。

②采取各种形式开发档案资源，为社会利用档案资源提供服务。

3. 档案馆的类型

档案馆的类型主要有以下四种：

（1）综合档案馆

综合档案馆是按照行政区划或历史时期设置的管理规定范围内多种门类档案的、具有文化事业机构性质的档案馆。

（2）专业档案馆

专业档案馆是管理特定范围专业档案的档案馆，它可以按照载体形态设置，也可以按照某一专门领域设置。

（3）城市建设档案馆

城市建设档案馆是以城市为单位建立，接收、保存城市范围内于城市规划、建设、维护、管理活动中形成的需要长远保存档案的科技事业单位。

（4）部门档案馆

部门档案馆是专业主管部门设置的管理本部门及其直属机构档案的档案馆。这种档案馆如中华人民共和国外交部档案馆等。

（三）档案行政管理部门

1. 档案行政管理部门的性质

档案行政管理部门是具有政府行政管理职能的档案事业管理机构。档案行政管理部门本身并不直接管理档案，它是监督、指导和检查档案工作的行政机关。

2. 档案行政管理部门的地位和作用

档案行政管理部门是我国档案工作组织体系中的行政系统，是国家档案事业的组织和指挥中心。国家授权各级档案行政管理部门管理国家档案事务，它在整个档案事业发展中起着决策、规划、组织、协调、监督、指导和检查的作用。

3.档案行政管理部门的基本职责

国家档案行政管理部门主管全国档案事业，对全国的档案事业实行统筹规划，组织协调，统一制度，监督和指导；县级以上地方各级人民政府的档案行政管理部门主管本行政区域内的档案事业，并对本行政区域内机关、团体、企业、事业单位和其他组织的档案工作实行监督和指导；乡、民族乡、镇人民政府应当指定人员负责保管本机关的档案，并对所属单位的档案工作实行监督和指导。

4.档案行政管理部门的类型

（1）国家档案局

国家档案局是国务院直属的掌管全国档案事务的职能机构，于1954年11月8日，经第一届全国人民代表大会常务委员会第二次会议批准成立。

（2）地方档案局

地方档案局是各省（自治区、直辖市）、市（地区、自治州、盟）、县（区、旗）人民政府直接领导的掌管本行政区划内档案工作事务的职能机构，它在业务上受上级档案局指导。

（3）档案处（科）

中央和地方专业主管机关及军队系统，都设置有档案处、科，负责对本系统各单位的档案工作进行监督、指导和检查。它们在业务上受国家档案局统一指导，地方专业主管机关的档案工作，以受地方档案局业务指导为主，同时接受上级专业主管机关的业务指导。

（四）新型档案机构

最近几年，在我国出现了一些新型档案机构，其中较为突出的是文件中心、档案寄存中心、现行文件中心和档案事务所（也称档案咨询中心）。这些机构中，除个别文件中心，一般都属于商业化的档案中介机构。

1.文件中心

文件中心是一种社会化、集约化和专业化的档案管理机构。文件中心不同于档案室，并不是一个单位内部的档案管理机构，而是介于单位和档案馆之间的一种过渡型的档案管理机构。随着我国档案管理体制的改革，这种类型的档案管理机构将会得到进一步的发展。

2.档案寄存中心

档案寄存中心是由国家综合档案馆设立的，为各类企业、社会组织以及个人提供文件与档案寄存服务的机构。目前设立的档案寄存中心基本上都属于有偿服务性的机构。它主要为不具备充分保管条件的企业单位、破产单位、社会团体、公民个人等，提供文件与档案的寄存服务。档案在寄存中心保存期间，所有权形式不变。档案馆一般只提供安全保管服务。

3. 现行文件中心

现行文件中心是指在档案行政管理机关管理之下，收集、集中行政机构的现行文件，为社会各界查询、了解政府在社会管理事务方面现行政策、规定提供政务信息服务的内部机构。现行文件中心是一种宽泛的称谓，在我国档案界开展现行文件服务的过程中，称呼也各不相同，如现行文件查阅服务中心、文档资料服务中心、文件资料服务中心、现行文件阅览室等。

4. 档案事务所

档案事务所是指提供档案事务服务的一种商业性档案服务机构，是一种独立经营、独立核算、自负盈亏的企业型单位。档案事务所的业务范围，主要是开展档案业务的指导、咨询，以及各种档案的劳务性服务（如技术示范，承揽档案整理、修复、数字化加工，档案文化建设，档案管理软件定制业务等）工作。

（五）档案工作的辅助机构

档案工作的辅助机构主要有以下几种：

1. 档案专业教育机构

档案专业教育机构是为档案工作培养和输送合格档案专业人才的机构。这些机构主要有综合性大学内设置的档案学院、系、专业，以及档案中等专业学校和档案行政管理部门设置的档案干部培训中心等。

2. 档案科学技术机构

档案科学技术机构是研究档案学基础理论和档案工作应用科学技术的机构。这些机构主要有档案行政管理部门设置的档案科学研究所、综合性大学设置的档案学研究室，以及中国档案学会及其各省、市的分会等。

3. 档案宣传、出版机构

档案宣传、出版机构是通过各种宣传工具和出版物，宣传档案工作，传播档案知识的机构。这些机构主要有国家档案局的档案出版社，以及各级档案部门创办的档案刊物所属的杂志社等。

二、档案工作的制度建设

（一）制度种类

1. 工作规章

（1）明确文件形成、归档责任

机关、企业事业单位在制定有关规章、标准和制度中应提出相应的文件收集、整理和归档的责任要求。

（2）制定档案工作规定

档案工作规定是本单位档案工作的基本要求，其主要内容应包括档案工作原则及管理体制，文件的形成、积累与归档职责要求，档案收集、整理、保管、鉴定、统计、利用要求等。

（3）建立档案工作责任追究制度

对相关岗位人员违反文件收集、归档及档案管理制度，发生档案泄密、造成档案损毁等行为，单位应提出责任追究和处罚措施，并将有关要求纳入相关管理制度。

（4）制订档案管理应急预案

对可能发生的突发事件和自然灾害，应制定档案抢救应急措施，包括组织结构、抢救方法、抢救程序、保障措施和转移地点等。对档案信息化管理软件、操作系统、数据的维护、防灾和恢复，应制订应急预案。

2. 管理制度

管理制度用来明确档案工作业务环节及重要专项工作管理的基本要求，主要包括以下制度：

（1）文件归档制度

应明确文件归档范围及保管期限、归档时间、归档程序、归档质量要求。

（2）档案保管制度

应明确各门类档案保管条件、特殊载体档案保管方式、档案清点检查办法、对受损档案的处置办法、档案进（出）库要求、库房管理要求和库房管理员职责。

（3）档案鉴定销毁制度

应明确鉴定、销毁工作的组织、职责、原则、方法和时间等要求。

（4）档案统计制度

应明确统计内容、统计要求和统计数据分析要求。

（5）档案利用制度

应明确档案提供利用的方式、方法，规定查（借）阅档案的权限和审批手续，提出接待查（借）阅档案的要求。

（6）档案保密制度

应明确档案形成者、档案管理者、档案利用者应承担的保密责任。

（7）电子档案管理制度

应对本单位各信息系统中形成的电子文件提出归档、管理和利用要求。

（8）档案管理系统操作制度

应明确档案管理系统操作人员的职责，档案管理系统软件、硬件的操作要求。

3.业务规范

业务规范主要用来明确不同门类和载体形式档案管理的基本要求，主要包括以下几种：

（1）文件档案整理规范

应明确文件整理与档案整理原则、整理方法、档号编制要求和档案装具要求等。

（2）档案分类方案

应明确分类原则、依据、类别标识、类目范围等。

（3）文件归档范围和保管期限表

应明确各类文件归档的范围及其相对应的保管期限。

（4）特殊载体档案管理规范

应明确不同载体档案收集、整理的要求和保管条件。

（二）制度建设要求

1.依法依规

档案工作规章制度制定的依据主要包括：《中华人民共和国档案法》《中华人民共和国档案法实施办法》，国家档案局颁布的档案行政规章，国务院各部委和国家档案局联合颁布的档案行政规章，国家、本市印发的各类业务规范标准，档案行政规范性文件以及其他与档案工作有关的法律法规，如《中华人民共和国保守国家秘密法》《中华人民共和国著作权法》等，任何单位和组织制定的档案工作规章制度都不得与之相抵触。

2.切合实际

制定档案工作规章制度应以管得住、易操作为原则，不必一味求大求全。就规章制度类别来看，工作规章是一个单位依法开展档案工作的根本依据，其基本要求应当纳入单位的规章制度及考核内容中。而管理制度和业务规范既是工作依据，又指导实际操作，着重解决"做什么"和"怎么做"的问题，应当根据一个单位档案工作的具体情况制定。如收集、整理、归档、保管、利用、安全保密等工作是档案业务的重要环节和要求，关系到档案的完整、系统和安全，有必要通过制度来明确责任和工作流程，作为各部门、处室共同遵守的行为准则，因此，这些是开展档案工作必须建立的工作制度。又如档案检索、统计、编研等业务工作主要由档案机构专职人员承担，对一个单位其他部门和人员来讲不具有普遍约束力。因此，可根据单位性质、规模等具体情况选择制定或纳入档案工作规定中一并制定。再如特殊载体档案、专门档案等有其管理的特殊要求，应当结合本单位档案分类方案及业务活动实际，分门别类，逐步建立健全，确保不留管理空白。

3. 保持相对稳定

档案工作规章制度具有稳定性特点，尤其是涉及文件和档案整理等方面要求的，如档案分类方案、归档文件材料整理规范等，一旦作为工作制度确立下来，短时间内不要轻易改变，否则容易造成档案分类和文件整理标准前后不一致，给今后档案调阅和查考带来不便。

4. 适时修订完善

随着国家新标准、新规范的出台以及档案行政规范性文件有效期届满修订等工作的开展，尤其是信息技术的发展和无纸化办公的推进，对电子文件归档管理、电子档案管理、传统载体档案数字化、档案信息安全保密等工作提出了新要求。因此，档案工作制度也必须适应新形势要求，适时调整和补充完善。例如，制订档案管理应急处置预案、档案数字化外包规范、档案托管外包规范等就是近年来档案安全和保密工作的要求；《机关文件材料归档范围和文书档案保管期限规定》《企业文件材料归档范围和档案保管期限规定》也同时规定，机关内设机构或工作职能以及企业的资本结构或主营业务发生较大变化时，文件材料的归档范围和档案保管期限表应当作相应调整和修订。再如，原本属于系统内部管理规范的某项业务档案管理办法，随着国家管理规范的正式出台，应当及时作相应修订和调整，确保与上述规范保持一致。

第四节　档案管理工作的发展趋势

随着社会的发展以及科学技术的进步，档案的来源渠道日益增加，内容也愈加繁杂，因此档案的种类越来越多。不仅如此，档案的载体也发生了更迭，不再仅仅局限于纸质；各行各业对信息愈发重视，对档案的要求也逐渐增加。以上种种推动了档案管理工作的发展，使其呈现新的发展趋势。

一、档案管理模式趋向一体化

(一) 文档管理的一体化

所谓文档管理的一体化，是以建立在文书和档案工作基础上的全局观，对文件从制发到归档的整个过程进行管理，以求文件和档案管理合二为一。也就是说，将现行文件的产生、归档及档案管理纳入一个管理系统，用统一的工作方法、制度、程序对其进行管理，而不再将文件和档案置于两套不一样的管理系统，这样可以避免不必要的劳动，大大提高管理工作的效率。

上述内容的实现得益于办公自动化的普及、计算机技术的发展以及档案管理网络化的发展，这些为文档管理一体化的实现提供了技术支持。因为办公自动化的普及，人们起草文件可以不在纸张上了，计算机就能快速、简洁地完成传输和办理这些活动，在这些都进行完以后，再考虑对文件进行何种处置——是销毁还是保存，可见，这时的文件与档案之间已经不是那么泾渭分明了。在文档管理一体化的条件之下，人们可以利用系统随时对处理完毕的文档进行归档，而不是像传统的管理模式，需要耗费较长的时间、较多的人力来进行归档整理，这时的文件管理和档案管理处于一个管理系统之下，对不必要的、重复的劳动进行了删减，工作效率自然而然随之提高。

文档一体化系统是实现电子文件全过程管理和前端控制的重要平台。在文档一体化系统中，电子文件的产生、运转、归档管理等都被纳入了控制和管理的范围之内。不仅如此，在整个系统刚刚开始设计的时候，档案人员就已经参与其中，因而整个系统更能够体现文件的档案化管理思想，也更能保证电子文件的真实性和完整性。

(二) 图书、情报、档案的一体化管理

一般情况下，我们将图书、情报以及档案视为三个不同的个体，它们各自有各自的特点：图书具有比较系统的知识体系，情报是用来消除不确定性的特定信息，档案是记录人们社会活动的原始信息，虽然特点不同，但是三者可以在功能上互相弥补。尤其是在信息技术飞速发展的今天，三者之间的联系更加紧密，正在逐渐走向一体化管理。图书、情报、档案一体化的管理模式具有突出的优势，首先，可以提高信息的综合度，充分组织和开发利用各类信息资源，满足生产、生活、领导决策和文化传播综合、集成的信息需要。其次，可以优化单位的资源配置，实现资源共享。近年来，许多大型企业在以前图书室、资料室和档案室的基础上进行资源重组，建立了企业信息中心，对图书、情报和档案实施一体化管理，将它们纳入统一的信息管理系统，能够充分利用各类信息资源，实现资源共享。再

次，图书、情报、档案的一体化管理适应了社会信息化和数字网络环境对于各类信息综合集成的管理需要和利用需要。在信息网络环境下，图书、情报、档案等各类信息资源将不再是界限分明的孤岛，而是相互渗透、相互连接的信息集成。

如今，科学技术飞速发展，网络技术、计算机技术、通信技术都呈现猛烈的发展势头，因此两个"一体化"管理的趋势也越来越明显，这就对档案工作者提出了新的要求，即实现纵向和横向的立体发展。所谓纵向，具体而言是指加深对文件管理理论、方法等的熟悉；所谓横向，是指档案工作者要加强对图书、情报工作相关知识的了解，因为档案与图书、情报之间有着非常紧密的联系，对图书、情报有一定的了解，才能使三者处于一体化的有序管理之中。

二、档案管理手段趋向数字化和网络化

进入 20 世纪以来，科学技术飞速发展，计算机技术的发展也是突飞猛进，开始渗透到社会的方方面面，档案管理的手段也因此发生了变化，逐渐摆脱了过去的手工管理，开始趋向数字化和网络化。所谓档案管理的数字化，是指借助计算机技术等现代信息技术，直接生成数字档案信息，或通过数字化技术，将存贮在传统介质上的模拟档案信息转换成数字信息，便于档案信息的网络传输和共享。数字化档案的产生主要有两个渠道，一是在数字网络环境下（尤其是在办公自动化环境下）直接产生大量的电子文件，通过在线或离线方式归档以后转化成电子档案；二是通过馆藏数字化，将原来存贮在纸张、缩微胶片、唱片、录音带、录像带等载体上的档案信息通过数字化处理后转换成数字信息，形成电子档案。数字化档案是实施档案网络化的必要前提。近年来，互联网覆盖的范围越来越广，档案管理网络化已经成了不可逆的趋势。所谓档案管理网络化，是指借助网络这一平台完成对档案信息的接收、传递、整理等工作。可以看到，随着档案管理的数字化和网络化趋势，档案管理工作减少了很多重复的劳动，大大提高了工作效率，也使得人们对档案信息的利用更加方便、高效。

三、纸质档案与电子文件将长期并存

在过去的很长一段时间里，档案管理工作主要针对的都是纸质的档案，整理、总结出的档案的管理方法、管理经验、理论依据等也都是针对纸质档案形成的。毫无疑问，过去一直是将纸质档案视为档案工作的管理对象。但是，随着社会的进步与科学技术的发展，承载信息的载体发生了变化，电子文件开始在档案载体这一格局占据越来越大的一片天地，并且大有将纸质档案取而代之之势。这一切似乎都在显示，终有一天，办公无纸化会变成

现实。可是，从很多现实情况来看，这也许并不一定会变成真的。电子文件虽然便捷且利于传输，但是因为它是近年来才发展起来的，所以对于过去的很多信息它并不能完整收录，而且电子文件容易被篡改、毁坏，在真实性方面也逊于纸质档案。再加上长期以来，人们已经习惯了阅读和使用纸张，这一习惯很难改变。上述种种都显示，纸质档案和电子文件会在今后的生活里长期共存。对于纸质档案，长期经验之下已经有了较为完备的理论、管理方法等，而关于电子文件的管理还需要档案人员进一步摸索、整理、归纳，同时还要协调好纸质档案和电子文件的关系，使二者协调统一。

四、档案馆的公共性和社会化服务将越来越突出

档案馆是我国档案工作机构的重要组成部分，是法定的保管国家档案资源的机构。作为一个科学文化事业机关，档案馆肩负着社会化服务的功能，可是在过去的很长一段时间内，档案馆的这一功能都没有得到充分的发挥，更多的还是充当着党和政府机要部门的角色。随着我国社会主义事业的建设和发展，政府职能逐渐转型，公共管理这一职能越来越受到重视。在这一举措的推动下，档案馆的社会化服务功能也得到了拓展，更多的公共档案馆开始走入人们的生活中，人们对于档案馆不再陌生，不但对其认识加深，而且也普遍认可。公共档案馆由国家设立，其宗旨是面向社会和所有公民提供全方位的服务，其馆藏主要是国家机构和相关组织在公务活动中形成的公共档案以及其他反映社会各阶层活动的档案材料。档案馆的服务对象是全体公民，并为利用者提供良好的阅档环境。

长期以来，我国各级国家综合性档案馆在馆藏结构和服务对象等方面的定位是以党和政府的机关部门为主，馆藏档案以各级党和政府部门的文书档案居多，而科技档案以及记载当地社会团体和公民的档案较少，加上档案馆封闭的服务方式，使档案馆与社会公众之间有一定程度的疏离。因此，只有在改善馆藏机构，丰富馆藏内容，加强档案馆社会化服务功能的基础上，才有可能使我国的各级国家综合性档案馆真正发挥公共档案馆的职能。

第二章　档案管理的主要内容

第一节　档案的收集与整理

按照管理的内容分，可将管理学分为两类：一类是职能管理学，另一类是过程管理学，认为职能管理研究更具本质性，过程管理研究则在操作性和统一性上略胜一筹。由于档案学属于应用型管理学科，对操作和规范重视是与生俱来的，因而对管理程序的研究一直是内容维度的档案管理理论研究的重点和强项。档案管理程序研究一般包括档案的收集、整理、鉴定、保管、检索、编研、统计和提供利用。

一、档案的收集

（一）档案收集的含义

档案收集是档案管理过程的首要环节，标志着文件性质的变化和档案自身运动的一个阶段。档案收集工作的质量，直接影响档案的整理、鉴定、保管及统计工作的质量和效率，进而影响档案的社会服务质量和效益。

研究档案收集，有利于促进对入口阶段档案管理的方法变革和理念创新，是其他管理环节研究的条件和基础，并与这些后续研究紧密衔接、有机互动，对档案收集的研究极具实践指导意义，能促进和夯实档案资源的积累，为档案的保管、整理乃至提供利用奠定基础，是档案信息资源开发的前提和必需。

由于档案的收集是实操性非常强的管理活动环节，所以相关研究的理论抽象性相对较弱，在近三十年来的 1802 篇相关期刊论文中，有 1639 篇是对档案收集实践工作中的问题分析和对策研究，且其中绝大部分是针对专门档案或专业档案的研究。如分析了新形势下档案收集难的原因主要有收集的附加要求使人不易接受、收集方式的单一、难于收集到珍贵档案、收集工作遭遇物质利益驱动、缺少强有力的执法、档案部门对档案收集对象心中无数等，并针对这些问题提出了对策。

此外，对档案收集的研究还存在内容管理维度档案管理理论研究的"通病"——任务导向，忽视与社会和用户需求研究相结合，要以科学发展观为指导，以社会档案信息需求为牵引，树立以人为本、协调发展、全面发展和可持续发展的档案收集理念，以充分发挥档案工作在社会主义现代化建设中的服务保障作用。

档案收集就是按档案形成的规律，把分散的材料接收、征集、集中起来。按照规定，通过例行的接收制度和专门的征集方法，把分散在各机关、部门、个人手中和散失在社会上的档案，集中到机关档案室和国家档案馆进行科学管理的一项业务环节。档案的收集工作可以分为两大部分：第一，对于单位的档案室来说，主要是按期接收归档的文件和进行必要的零散文件的收集；第二，对于各级各类档案馆来说，主要是接收档案室移交的档案、接收撤销机关档案和征集历史档案。收集工作是档案部门取得档案的手段，也是它们开展其他业务活动的前提。

（二）档案收集工作的内容

档案收集研究的主要内容是档案收集的基础和原理，具体包括对档案收集工作的内容、意义和要求的研究，文件的归档研究，收集的步骤、阶段和方法研究等。

档案收集是接收、征集档案和有关文献的活动。具体讲，就是按照党和国家的规定，通过例行的接收制度和专门的征集办法，将分散在各机关、组织、个人手中和散落在社会其他地方的档案，有组织、有计划地分别集中到各有关机关档案部门，实现档案的统一领导和分级管理。

档案收集工作的内容主要有以下三个方面：

第一，机关、企业、事业单位档案室对本单位需要归档档案的接收；

第二，档案馆对所辖区域内现行机关、企业、事业单位和撤销单位的具有永久、长期保存价值档案的接收；

第三，对中华人民共和国成立以前各个历史时期形成的档案的接收和征集。

档案收集工作不是一项简单的事务性工作，而是一项政策性、业务性很强的工作。一方面，档案收集工作具有明显的选择性。文件转化为档案是有条件的，在档案收集工作中必须严格把握这些文件，在归档和接收过程中认真筛选。档案选择是按照档案部门收藏范围的设计合理并全面进行的。另一方面，档案收集工作受档案形成者档案意识水平、价值观以及档案部门保管条件等多种因素的制约，需要综合研究、统筹规划，提高档案收集工作的质量。

（三）档案收集工作的地位

档案收集工作在整个档案管理中处于一种特殊地位，做好此项工作对整个档案管理工作具有重要意义：第一，档案收集工作是档案馆、档案室取得和积累档案的一种手段，它为档案工作提供了实际的物质对象，是档案业务工作的起点；第二，档案收集工作是实现档案集中统一管理的重要内容和一项重要的具体措施；第三，档案收集工作质量的高低，会直接影响到档案业务工作的其他环节的工作质量；第四，档案收集工作是档案部门与外界各方面发生联系的重要环节之一，这是一项政策性强、接触面广、工作要求较高的工作。

（四）档案收集的基本形式

档案收集是档案馆（室）取得和积累档案及有关资料的一项工作，是档案管理工作的重要环节。其手段主要有接收、征集和寄存三种形式。

按照法定的原则、程序和规定的制度移交和接收档案，是档案馆和档案室补充档案资源的最基本形式。其基本内容包括两方面：第一，各级国家机关和各种社会组织的档案室，按照规定接收本机关业务部门和文书处理部门办理完毕移交归档的文件；第二，各级各类档案馆依据国家法律和有关规定接收现行机关和撤销机关的档案。

接收的范围和要求：

第一，档案室接收本机关工作活动中形成的具有保存价值的各种门类和载体的档案，包括科学技术档案、会计档案等各种专门档案，录音带、录像带、照片等各种特殊载体的档案。

第二，各级档案馆接收本级各机关、团体及所属单位具有长远保存价值的档案，以及与档案有关的资料。各个国家对于档案馆保管接收档案的范围不尽相同，有些国家的档案馆只接收具有永久保存价值的档案，有的也接收定期保管的档案。中国省以上档案馆接收具有永久保存价值的、在立档单位保管已满20年左右的档案，省辖市（州）和县级档案馆接收永久和长期保管的、在立档单位保管已满10年左右的档案。

第三，档案室和档案馆正常接收的档案，要求齐全并按规定整理好，进馆档案应遵循全宗和全宗群不可分散的原则，保持原有全宗的完整性及相关全宗的联系性。

征集流散在各机关、各部门、个人与国外的有价值的各种历史档案和相关资料是档案馆收集工作中必不可少的补充手段，分为非强制性和强制性两种。一般采取在协商的基础上，通过复制、交换、捐赠、有偿转让等方式，将档案集中到档案馆；在特殊情况下，集体和个人所有的对国家和社会具有保存价值的或需要保密的档案，当其保管条件恶劣或者由于其他原因被认为可能导致档案严重毁坏和不安全时，国家可将其收购或征购入馆，也可代为保管。

寄存一般是通过协议的形式将档案存放到档案馆。寄存档案的单位或个人不失其所有权，并享有优先使用权以及能否准许其他人利用的决定权。已保存在博物馆、图书馆、纪念馆等单位的，同时也是档案的文物或图书资料等，一般由其自行管理。

（五）档案收集的制度

①档案收集包括档案的接收、征集以及网络数据采集等方式。

②档案材料收集范围：凡是对全区各项事业发展有参考利用价值的各类原始材料都属于档案收集范围。

③任何个人都不得以任何理由拒绝向区档案馆归档移交有价值的档案材料。

④档案材料收集应该形成定期送交制度和联系催要制度。

二、档案的整理

（一）档案整理的含义

档案的整理工作，就是将处于凌乱状态的和需要进一步条理化的档案有序化的过程。在档案管理活动诸环节中，收集是起点，利用是目的，而整理则是承上启下的关键。科学系统的档案整理不仅有助于档案的鉴定，是妥善保管的前提，为档案统计工作打好基础，是档案提供利用的必要条件，还能在一定程度上促进档案的收集工作。

档案整理研究是档案管理理论的核心，有利于优化档案整理工作，加强文件档案之间的联系，充分体现档案的性质和特点，进而激活和发掘档案的利用价值，促进档案信息资源的开发，提高档案整理的科学化和标准化水平。在直接影响整理实践的同时，档案整理的研究对档案管理其他环节理论和技术的发展也有着不可忽视的作用，能促进对档案管理全过程研究的良性发展和总体优化。

对档案整理研究主要包括档案整理理念、内容与方法等方面，具体如档案整理工作的原则和意义研究，全宗的界定和应用研究，立卷、分类、组合、排列、编目的程序和方法研究等。

我国在档案整理方面的研究，经历了从引进和介绍欧美档案整理理论，到分析、探索自身档案整理实践与理论发展所面临课题的研究历程，其中最具抽象性和理论价值的是全宗理论（来源原则）。但当前档案整理理论应该由全宗和汇集两大原则构成，并提出两者的根本区别在于：前者来源于同一立档单位，根据历史联系为主线进行组织，具有可确定性，因而在档案室阶段就可以基本完成；而后者则来自于多个立档单位，要视所获档案数量、成分和状况来确定某一特征进行组织，具有不确定性，一般只有在档案馆才能予以处理加工。

将我国档案整理实践与理论的演变过程分为三个阶段，即传统的纸质档案手工整理阶段、档案实体整理和档案信息整理并存阶段、"档案实体整理"和"档案信息整理"二元实践阶段等。而随着实践活动与对象的发展变化，传统的档案整理研究的理论局限性越来越明显，主要表现在整理原则的适用范围窄，注重实践性分类、轻视思维性分类法，立卷管理不科学等方面，无法应对数字时代电子文件的挑战，因而对档案整理的研究仍然是今后的难点和要点。

（二）档案整理工作的内容

档案整理工作包括区分全宗、全宗内档案的分类、立卷（组卷、卷内文件的排列和编号、填写卷内目录和备考表、拟写案卷标题、填写案卷封面）、案卷排列和编号、编制案卷目录等业务环节。

按照我国文书工作和档案工作的管理体制与分工，档案整理工作是分阶段进行的。其中全宗内档案的分类、立卷、案卷排列和编制案卷目录等业务环节，一般由文书部门或文书人员承担，即文书立卷：归档案卷的统一编号和排列由档案室承担；全宗的划分和排列多由档案馆承担。在某些特殊情况下，如当档案室（馆）接收到整理质量不佳或基本未经整理的零散档案时，就需要对档案进行局部的或全部程序的整理。

1. 系统排列和编制案卷目录

这种情况是指档案室对接收的已经立卷归档的案卷，按照本单位档案的分类和排列规则，进行统一的分类、排列和编号，使新接收的案卷同已入库保存的档案构成一个整体。

2. 局部调整

这种情况是指对已经接收进档案部门的部分质量不合格的案卷所做的局部改动和调整工作。

3. 全过程整理

这种情况是指档案部门对于接收到的零散文件所进行的从区分全宗到编制案卷目录的全部整理工作。

（三）档案整理工作的基本原则

档案整理工作的基本原则是：保持文件之间的历史联系，充分尊重和利用原有的整理成果，便于保管和利用。

1. 保持文件之间的历史联系

保持文件之间的历史联系，是档案整理工作的根本性原则。文件之间的历史联系是文件在产生和处理过程中所形成的内部相互关系，也被称为文件的"内在联系""有机联系"。在档案整理工作中保持文件之间的历史联系，其目的在于使档案能够客观地反映形成者的历史面貌。文件之间的历史联系主要表现为以下四方面：

（1）文件在来源上的联系

文件的来源一般是指形成档案的社会主体（组织和个人）。同属于一个形成者或同类型的文件在来源上有着密切的联系。因为不同来源的文件反映不同形成者历史活动的面貌，所以整理档案时必须首先保持文件在来源上的联系，也就是说，档案不能脱离其形成单位，同时，不同来源的档案也不能混淆在一起。

（2）文件在内容上的联系

文件的内容一般是指其所涉及的具体事务或问题，同一个事务、同一项活动、一个问题所形成的文件之间必然具有密切的联系。整理档案时，保持文件之间在内容上的联系，有利于完整地反映其形成者各种活动的来龙去脉和基本情况，也便于查找利用。

（3）文件在时间上的联系

文件的时间一般是指其形成的时间。整理档案时，保持文件之间在时间上的联系，有利于体现其形成者活动的阶段性、连续性和完整性。

（4）文件在形式上的联系

文件的形式一般是指其载体、文种、表达方式以及特定的标记等因素。不同形式的文件往往具有不同的作用、特点和管理要求。整理档案时，保持文件在形式上的联系，有利于揭示文件的特殊价值，便于档案的保管和利用。

2. 充分尊重和利用原有的整理成果

充分尊重和利用原有的整理成果是指后继的档案管理者要善于分析、理解和继承前人对档案的整理成果，不要轻易地予以否定或抛弃。在整理档案时充分尊重和利用原有的整理成果应该做到：第一，在原有整理成果基本可用的情况下要维持档案原有的秩序状态；第二，如果某些局部整理结果明显不合理，可以在原来的整理框架内进行局部调整；第三，如果原有的整理基础的确很差，无法实行有效管理，可以进行重新整理。但是，新整理时应该尽可能保留或利用原有基础中的可取之处。

3. 便于保管和利用

整理档案时，一般情况下，保持文件之间的历史联系与便于保管和利用之间是一致的。但是在某些特殊的情况下，二者之间可能会发生一定的矛盾。例如，产生于同一个会议的档案，有纸质文件、照片、录像材料，甚至还有电子文件等，它们的保管要求各不相同，在整理时就需要综合考虑各种因素，在保持文件之间历史联系的前提下，采取分别整理的方法，以利于档案的保管和利用。

第二节　档案的鉴定与保管

一、档案的鉴定

（一）档案鉴定的定义

档案鉴定就是鉴别和判定档案的价值，挑选出有价值的档案交给档案机构保存，剔除无保存价值的档案予以销毁。它直接决定着档案的存毁，是档案管理工作中最重要也是难度最大的一项工作。档案鉴定意义重大，通过鉴定工作，去其糟粕，留其精华，把档案分清主次，对珍贵档案予以重点保护，一则便于实现档案的安全保管；二则便于查找利用，使档案发挥其应有的作用；三则便于应付突发事变，不至于"玉石俱焚"；四则有利于充分利用档案库房和保管条件。

档案鉴定理论的研究，有利于指导档案分层次、分类别进行管理，使档案管理其他环节有高低主次和轻重缓急的区别，有利于保障档案资源的完整、安全和质量，有利于调动档案工作者的能动性和积极性。同时，虽然鉴定被单独列为一个档案工作环节，但是它贯穿于档案管理活动的全过程，在收集、整理、保管、检索、利用、编研等诸多环节中都充分考虑档案的价值与保管期限，因而鉴定理论研究在整个内容维度的档案管理理论研究上都有着举足轻重的作用。

档案鉴定研究的内容具体包括档案鉴定意义和地位的认识、鉴定原则和机制探讨、鉴定标准和方法探索以及保管期限表和鉴定组织等方面的研究。

（二）档案鉴定的内涵

档案鉴定应包括档案保管期限鉴定、档案准确性鉴定、档案完整性鉴定、档案珍贵程度鉴定等方面。鉴于鉴定工作是在档案管理不同阶段依次分别展开的，因而可将档案鉴定划分为前期鉴定和后期鉴定。

所谓前期鉴定是指对文件材料保存价值的鉴定和对归档文件材料的准确性、完整性鉴定。因其是在文件材料立卷归档阶段完成的，处于档案文件运行前期，所以可将它们统称为前期鉴定，亦可称为归档鉴定。前期鉴定，一般无须成立专门的鉴定组织，是在工作中顺序完成的，只须严格管理制度、明确管理责任，由责任人如立卷人、案卷审核人、归档接收人等分工负责，共同把关，协作完成。它主要包括：

1. 保存价值鉴定

是指文件材料有没有保存价值、保存价值大小的鉴别，并依此确定文件材料归不归档、保管期限的长短。

2. 准确性鉴定

是指对归档文件材料的各种标识的准确性及其所承载的信息的准确性进行甄别评定。前期鉴定中的准确性鉴定，主要是针对工作中因工作疏忽将归档文件材料的某些标识如责任者、时间、签章、竣工章等遗漏丢失，正文与底稿不相符，正本与副本不相符，基建图物不符，设备图物不符等诸多情况的检查。

在文件材料归档时，由责任人进一步核实鉴别，并在案卷备考表中案卷检查人栏签字或以其他形式确认归档文件的准确性。

3. 完整性鉴定

归档时，责任人对围绕某个事件、某项工程、某个设备、某项任务所产生和使用的文件材料的完整性，每一份文件材料页数、图幅及底稿的完整性进行鉴别并签字确认，以确保归档文件材料的完整性。

所谓后期鉴定是指专门的鉴定委员会对档案进行鉴定。后期鉴定是档案馆（室）的重要业务环节，需要建立专门的、具有权威性的鉴定委员会，按特定的程序进行。其工作内容应包括档案评价、珍贵程度鉴定和保管期限鉴定等。

（1）档案珍稀程度鉴定

参考文物鉴定，制定国家珍贵档案鉴定标准和方法。可将国家档案根据其历史、科学、艺术等方面的价值，结合珍稀程度、成套性、完整性分为珍贵档案和一般档案。再将珍贵档案区别为国家一级、国家二级、国家三级。建立国家珍贵档案数据库，提请国家财政列支专项保护经费，实施特别保护；并同司法机关、海关联网与文化行政部门联手，与文物、博物、图书等文化单位交流协作，加强监管，集中有限的人力、财力，抢救和保管好国家珍贵档案，切实管理好党和国家珍贵的历史财富。

（2）到期档案的鉴定

由各档案保管部门根据自己的馆藏特色和馆藏情况，成立鉴定委员会制定鉴定原则标准和运行程序，有计划地对到期档案进行鉴定，确定存毁。这项工作应坚持不断地开展，真正将有价值的档案保存好，将失去保存价值的档案销毁掉，避免因档案馆（室）藏良莠不分而形成的管理浪费，提高管理效率。档案鉴定工程巨大，只有在对档案鉴定有充分认识的基础上，统筹规划，科学安排，才能取得事半功倍的效果。

（三）档案价值鉴定的标准

档案鉴定标准可分为两大类，即理论性标准和技术性标准。

1. 理论性标准

理论性标准是档案价值鉴定的基本标准和理论依据，综观中外档案学界长期以来形成的理论研究成果，档案鉴定的理论性标准主要包括：

①年龄鉴定标准和来源鉴定标准；

②职能鉴定论；

③文件双重价值鉴定标准；

④宏观职能鉴定标准；

⑤效益标准；

⑥相对价值标准。

2. 技术性标准

技术性标准是档案鉴定实践中用以参照的具体标准，主要有文件材料的归档和不归档范围、档案保管期限表、档案鉴定工作制度等。

我国目前的档案保管期限表可分为通用档案保管期限表、专门档案保管期限表、同系统机关档案保管期限表、同类型档案保管期限表和机关档案保管期限表五种类型。它们是各机关、档案馆鉴定档案价值、确定档案保管期限的依据和标准，以此作为参考，文书立卷人员能较容易地区分文件的不同保存价值，初步确定其保管期限，为以后档案馆鉴定档案的价值打下基础。至于档案鉴定工作制度，则包括制发鉴定档案的标准文件、档案鉴定工作的组织领导和销毁档案的标准与监销制度等几方面内容。一种健全的档案鉴定工作制度，可以有效保证档案鉴定工作的质量和防止有意破坏档案，使档案的鉴定和销毁工作有组织、有监督地进行。事实证明，这些技术性标准在文书档案人员的具体鉴定工作中起到了有利作用。

二、档案的保管

（一）档案保管的含义

档案保管，广义的理解泛指为延长档案寿命、为便于档案管理而采取一切措施和手段；而狭义上则特指对档案在动态和静态环境中的一般安全防护和日常的库房管理。档案保管旨在维护档案的完整性、安全性、系统性。档案保管为档案管理活动的进行提供了物质对象和基本前提，档案保管质量的高下，直接影响着档案管理的水平，在一定的条件下甚至具有决定性作用。

研究档案保管具有理论和实践双重意义。在理论上，有助于发现和掌握档案保管活动的客观规律，加强与其他环节研究的互动和联系，有利于提高档案保管与保护的科学水平，完善档案学理论和科学体系，丰富档案学的研究内容；实践上，能指导和提升档案保管工作的水平和效率，科学贮藏档案资源，方便档案信息的利用，有利于防止和消除档案损毁的隐患因素，有效延长档案寿命，保存社会历史财富。

档案保管研究的内容主要有档案保管的意义和任务研究、档案流动过程中的安全防护研究、档案储存中的保护技术研究。具体包括档案保管机构的研究，档案保管史的研究，为延长档案寿命的保护技术研究，档案保管的物质条件、库房管理研究等。

档案保管史方面的研究有：对历代文书档案管理机构的沿革和历代文书档案保管的具体措施进行研究；从宋代在保管技术上的发展和创新，认为宋代从中央到地方制定了严密的档案保管制度，当时的档案保管技术是我国封建社会档案保护技术发展史上的一个高峰。

档案保管任务和手段方面的研究有：档案保管工作的基本任务是维护档案的完整与安全，具体包括防止档案的损坏、延长档案的寿命、维护档案的安全；库房管理是档案保管的基础工作，主要包括档案存放位置与排列顺序管理、库房温、湿度的调节与卫生保洁、档案进出库房的控制、库房的安全保卫；异地备份保管是解决档案安全保管的重要手段，档案管理部门应当根据地质特征，选择保管条件较完备的地区对馆藏档案进行异地备份保管，以最大限度地实现档案的安全保管和备份。

档案保管机构的研究有：私有档案保管机构应包括私有档案馆和档案中介机构两种类型；应该有部门档案馆、联合档案室、档案寄存中心模式、一体化信息管理中心、文件中心模式和中外合作的档案管理等多元化的档案保管模式。

研究档案保管必然离不开对档案保护的研究，有人提出它们之间有所区别，认为档案保管侧重于"（料）理"和"防"，档案保护则强调"防"和"治（理）"，但一般认为档案保护是档案保管的重要内容，为档案保管提供手段和方法。20世纪中期以来，我国档案保护理论研究取得了不少成绩，在学科体系的革新、学科基点的演进、保护方针的完善、欧美保护理论的引进等方面取得了进展，推动了档案保护理论的研究：档案保护技术学应分为基础理论、纸质档案保护技术、新型载体档案保护技术三个部分。

对于档案保管与保护的研究未来，在中国档案学会第五次档案保护技术研讨会上，与会人员认为新型材料的大量涌现给相关研究提出了挑战和机遇，要进一步提高对档案保护技术重要性的认识和研究工作，积极开展科学研究和交流；应将研究范围定位在档案形成之时直至整个生命周期的动态过程中，引入新概念，突破旧概念的局限性，对人员的工作性质予以重新定位，加强对技术手段的研究，引入信息技术研究方法。

（二）档案保管工作的任务

1. 建立和维护档案的存放秩序

为了使档案入库、移出、存放井然有序，能够迅速地查找档案，并随时掌握档案实体的状况，档案室（馆）要根据档案的来源、载体等特点建立一套档案入库存放的规则和管理办法，使档案不管是在存放位置上还是被调阅移动都能够处于一种受控的状态。

2. 保持和维护档案实体良好的理化状态

档案实体是以物质的形态存在和运动的，而各种环境因素，如温、湿度、光线、有害气体、灰尘、生物及微生物等会对档案的载体、字迹材料等造成不良影响，不利于档案的长久保存。为此，在档案的保管工作中，就需要了解和掌握不利于档案长久保存的各种因素及规律，采取有效措施，最大限度地消除和降低它们对档案的损坏，使档案实体保持良好的理化状态，以延长档案的寿命。

（三）档案保管工作的要求

1. 注重日常管理工作

为了保持档案库房管理的稳定、有序，我们应注重建立健全管理规则和制度，加强日常管理。在库房管理中要做到：归档和接收的案卷及时入库，调阅完毕的案卷及时复位，定期进行案卷的清点和检查，发现问题及时处理。只要持之以恒地坚持严格的日常管理，就能保证库房内档案的良好状态。

2. 预防为主，防治结合

在档案保管工作中，保护档案实体安全的方法概括起来主要有两类：一是如何预防档案实体损坏的方法；二是当环境不适宜档案保管要求时或当档案实体受到损坏后如何处置的方法。在归档或接收的档案中，实体处于"健康"状态的档案占绝大多数。因此，在档案保管工作中，积极"预防"档案受到各种不良因素的破坏是主动治本的方法。我们应该采取各种措施确保这些档案的长期安全。同时，还应该通过加强日常管理和检查，及时发现档案实体出现的"病变"情况，以便于迅速地采取各种治理措施，阻断或消除破坏档案的有害因素，修复被损害的档案，使其"恢复健康"。预防为主，防治结合，才能全面保证档案实体的安全。

3. 重点与一般兼顾

由于档案的价值不同，保管期限长短不一，所以在管理过程中，我们应该掌握突出重点、兼顾一般的原则。对于单位的核心档案、重要立档单位的档案、需要长久保存的档案，应该加以重点保护，尽量延长档案的寿命。同时，对于一般性，短期保存的档案也要提供符合要求的保管条件，确保其在保管期限内的安全和便于利用。

第三节　档案的检索与编研

一、档案的检索

（一）档案检索的含义

档案检索就是把档案内容和形式特征的各种线索，存贮于各种检索工具之中，并根据某一（或几种）特征，在特定集合中识别、选择与获取相关档案数据或文献的过程。档案检索工作的内容，一方面，要对档案的内容和形式进行分析、选择和记录，并按照一定原理编排出各种检索工具；另一方面，根据需要，通过检索工具，帮助利用者了解和查找所需要的档案信息。档案检索是提供档案利用服务的先期工作，是有效提高档案管理水平的重要手段。

档案检索研究有利于优化档案检索的方式方法，推动档案检索工具和技术的改进，促进档案资源的利用和共享，提高档案管理和服务水平，进而提升档案工作乃至档案学科的影响力。

档案检索研究的主要内容有档案检索原理与技术研究，具体包括档案检索的内容和意义研究，档案检索工具的职能、种类、编制原则与方法研究，档案检索的途径与形式研究，档案检索语言研究，档案的著录与标引研究等。

对档案检索研究论文进行文献调研，分析了我国档案检索研究在年度、作者、主题、机构及期刊等方面的情况，认为呈现研究主体多元化、合作趋势进一步加强的态势，而在绝对数量上与档案学其他领域的研究还存在着一定的差距，相关研究较为活跃的机构主要为高校和公共档案馆，并列出了部分理论性和指导性较强的专著。

相关研究中，对检索工具和技术的关注是热点和重点，如探讨档案检索工具的作用、职能、种类和发展趋势；而对档案检索利用技术进行研究，探讨了文本（文书）档案、图片档案、音频档案、视频档案的查询手段，以及提高查全率和查准率的具体举措。

由于档案检索在原理与方法上大量借鉴和吸收了情报、图书检索的研究成果，我国档案检索研究存在学科生态因子劣化、学科生态位重叠和学科适合度偏低等问题，具体表现为学科队伍结构失调、学科理论水平不够、学科体系十分单薄、学科创新动力缺失、学科整合能力欠佳，并提出档案检索学科要想获得更大发展，必须着眼于学科生态位的优化，同时应全方位审视、调整与其他学科的生态位关系。

对网络的关注是今后档案检索研究的发展倾向，近两年来逐步升温，如探讨了搜索引擎与档案计算机检索系统在档案信息检索中的作用与关系；对网络时代档案检索研究发展进行了有益的探讨，在分析动因的基础上，从研究方法、学科体系、学科内容及研究范式等方面探究创新的内涵，并提出了具体建议。

（二）档案检索工作的主要内容

档案检索包括广义和狭义两种含义。广义的档案检索包括档案信息存贮和档案查检两个具体的过程。狭义的档案检索只限于查找所需档案的过程。作为档案工作人员，需要掌握广义的档案检索工作的内容和方法，学会编制档案检索工具、建立检索体系，并且能够熟练地利用检索工具查找档案，以获得开启档案宝库的钥匙。

1. 档案信息存贮阶段的内容

档案信息存贮是指将档案原件中具有检索意义特征的信息，如文件作者、题名、时间、主题词等，记录在一定的载体上，进行分类或主题标识，编制成档案检索工具，建立档案检索体系的过程。它包括如下环节：

（1）档案的著录和标引

著录和标引是对档案的内容和形式特征进行分析、选择和记录并赋予规范化的检索标识的过程。著录和标引的结果就是制作出反映档案内容、形式、分类和存址的可以用来检索的条目。

（2）组织档案检索工具

这项工作是指按照一定的规则，对著录和标引所产生的大量条目进行系统排列，使之形成某种类型的检索工具，并根据需要进行检索工具的匹配，组成手工的或计算机检索系统。

2. 档案查检阶段的主要内容

档案查检是指利用检索工具和检索系统查找所需档案的过程，包括如下环节：

（1）确定查找内容

确定查找内容是指对利用者的检索要求进行分析，确定利用者所需档案的主题形成查寻概念，并将这些概念借助检索语言转换为规范化的检索标识。从确定利用主题到形成检索表达式的过程，也称为制定检索策略。

（2）查找

查找就是档案人员利用者通过各种手段把表示利用需求的检索标识或检索表达式与存储在手工检索工具或计算机数据库中的标识进行相符性比对，将符合利用要求的条目查找出来。在手工检索中，相符性比对由人工进行；在机检过程中，则由计算机担负两者间的匹配工作。

二、档案的编研

（一）档案编研的含义

档案编研工作是档案馆（室）研究、加工、输出档案信息，主动地向社会各方面的广大利用者提供科学、系统的档案信息服务的一项专门工作。档案编研是以馆（室）藏档案为主要对象，以满足社会需要为主要目的，在研究档案内容的基础上，对档案信息进行深层次开发的过程。编研工作是积极提供服务与利用的有效方式，是提高档案工作水平的重要途径，有利于档案原件的保管，有利于档案内容和信息的流传，也有利于扩大档案机构、人员的影响。

对档案编研进行研究具有重要意义，一方面，能丰富档案管理理论研究的内容、完善档案学科体系；另一方面，有助于发掘、创新和交流编研的技能和方法，进而有效提升档案工作和档案学科的地位。

档案编研的主要研究内容是档案编研的理论与技术，具体如档案编研思想的起源与发展研究，档案编研的意义与内容研究，档案编研的类型与形式研究，大事记、组织机构沿革、基础数字汇集、会议简介、年鉴等的编纂和编写方法研究。

我国文献编纂思想源远流长，近当代对档案编研论述也颇为丰富，档案编研思想主要有档案编研应与历史科学的研究相结合；开展档案史料的编研工作是开放历史档案、主动为社会服务的重要方式，也是发扬历史文化传统，提高档案干部业务水平，发展档案事业的重要途径。改革开放以来，我国档案编研工作与思想的发展历程划分为三个阶段：20世纪80年代兴起的档案史料编纂时期，20世纪90年代的集体反思时期以及信息时代崛起的档案信息编研时期。

档案编研研究必然离不开对档案文献编纂的关注，一般认为档案编研的外延要比档案文献编纂广泛而又丰富，档案编研包含了档案文献编纂的内容。安徽大学李财富提出广义的档案文献编纂学应该包括基础理论和应用理论两方面的内容，前者包括档案文献编纂学概论、未来档案文献编纂学、档案文献编纂史和档案文献编纂方法学，后者包含文书档案文献编纂学、科技档案文献编纂学、专门档案文献编纂学；而狭义的档案文献编纂学应包括档案文献编纂选题学、档案文献编纂选材学、档案文献编纂加工学、档案文献编纂辅文学和档案文献编纂效益学。通过对档案文献编纂学研究内容进行综述后，提出该学科研究目前主要有"环节内容论"和"宏观内容论"两种不同观点。

至于档案编研的研究发展，应当建立档案编研学，认为这是档案工作发展的需要，是学科分化的必然结果，也是档案文献编纂学发展的需要。他认为档案编研学的体系结构应主要按信息的加工层次综合概括各种档案文献编研成果为宜，内容包括档案编研一般理论原则，一次档案文献汇编和公布，二次档案文献编写，三次档案文献加工和编制，以及参与编史修志、撰写论著研究等五个部分。当前档案编研理论存在两个方面的不足：一是现有理论未能从根本上反映档案编研工作的方方面面，如编研主体比较狭窄，客体仅以馆藏档案为主等；二是尚未真正脱胎成为一门新的分支学科，目前档案编研的理论主要由《档案文献编纂学》和《档案管理学》这两门学科分别承担。他也提出档案编研主体应多元化、客体应社会化、成果应信息化，"档案编研学"应成为档案编研理论的代名词。

由于网络档案编研工作有着传统方式无法比拟的优点，如选题选材更为灵活，信息采集更为方便快捷，档案编研的手段更为多样，表现表达能力更为丰富，传播时空更为宽裕等，已经成为人们关注的重点，也将成为今后档案编研研究的发展趋势之一。如对网络环境下档案编研工作的现状进行了综述，并探讨了网络环境下档案编研工作者的素养问题、相关法律问题和编研工作定位问题。

（二）编辑档案史料现行文件汇编

编辑档案史料和现行文件汇编也称为"档案文献编纂"，它是指按照一定的作者专题、时间或文种等将相关的档案文件选编成册，在一定的范围内使用或出版发行。

编辑档案史料和现行文件汇编的工作方法，是将档案原文从原件中提取出来，按照专题集中汇编成书。它使档案信息脱离了原来的载体，与内容相关的档案信息共同组成新的文献形式（如果出版发行，则转化为书），它属于一次文献。档案史料和现行文件汇编的名称根据其内容、材料的成分以及详略程度不同，分别采用汇编、丛编、丛刊、辑录选编、选集等名称。

档案文献汇编主要有三个特点：第一，原始性。汇编所选录的都是档案原件，并且一般不做文字改动。第二，系统性。档案文献汇编都按照专题组成，所选择的档案文件不仅在内容上相互联系，而且通过编排设计已构成一个有机的体系，清晰、客观地揭示事物发展变化的规律。第三，易读性。在编辑档案史料和现行文件汇编的过程中，编研人员需要对档案文件上的段落、标点、错别字和残缺文字进行校正和恢复，对文件上的批语、标记、格式进行处理，对于文件中的一些人物、事件、时间和典故进行注释，还要为档案文献汇编编写按语、序言、凡例、目录、索引、备考等以便于利用者阅读和理解。

（三）编辑档案文摘汇编

档案文摘汇编是档案室（馆）根据一定的专题对档案原文摘要进行汇总编辑形成的编研成果。档案文摘是对档案原文的缩写，它以简练的文字概要地揭示档案文件的主要内容，是一种档案的二次文献形式。档案文摘有时可以作为一种检索工具编制和使用。例如档案著录项目中的"提要项"就是档案文摘的一种形式。档案文摘汇编是由具有共同专题的档案文摘组成的，它也可以公布、发行。与档案文献汇编相比，档案文摘在编辑方法和报道功能上比较灵活、简便和及时。

（四）编写档案参考资料

档案参考资料是档案室（馆）按照一定的题目，根据档案内容加工编写的一种书面材料，如大事记、组织沿革、专题概要、会议简介等。档案参考资料的编写依据是档案原件，但其表现形式已经改变了档案原文的面貌，属于三次文献。档案参考资料的主要功能是向利用者提供一定专题或史实的参考素材，具有介绍、报道档案内容和提供查找线索的作用。

第四节　档案的利用与统计

一、档案的利用

（一）档案利用的含义

档案利用工作，是档案馆（室）通过各种方式向利用者提供档案、介绍档案情况、发挥档案作用为社会服务的工作。档案利用，可以体现档案工作的根本目的，在整个档案管理活动中占主导地位，既有赖于收集、整理等基础工作的健全，又是对这些环节管理活动成效的检验，利用工作是档案工作变被动为主动的关键，是宣传档案工作、提高档案工作信誉的重要工具。而对用户和社会大众而言，档案利用是满足其多样需求的基本途径。

研究档案利用，一方面，有利于更好地指导档案服务和提供利用工作，有利于档案价值的实现，能促进和推动档案管理其他环节的工作开展，进而提高档案工作的效率和效益；另一方面，能扩大档案管理理论研究的广度和深度，改善档案管理理论研究的思路和方法，是提升档案管理理论研究地位和影响的有力手段。

档案利用研究的内容主要有：档案利用与服务理念研究，提供利用的方式研究，档案用户研究、评价指标和体系研究等。随着社会对档案需求的日益增多，需求层次和水平的日益提升，对档案利用的研究也越发深入和丰富。

首先，是中外比较研究。中西双方的共性在于：早期对利用者范围的限制抑制了利用理论的萌生，史学家对档案利用理论发展做出重大贡献，档案利用理论超越整理理论发展成为档案学核心理论。同时也存在形成背景、研究者身份、开放与保密等观点上的差异等。

其次，是用户研究。在档案利用过程中，主体的利用行为是以利用机制的客观存在为前提的，并探讨了机制及其对主体利用活动的影响；从社会整体利益和利用者的行为共性出发，对档案利用的规律性和目的性进行理论探索，寻求和论证档案利用合理化的实践方案，并提出了数量维度上的充分利用、质量维度上的有效利用、时间维度上的及时与长远利用、空间维度上的协调均衡利用等方面的策略。

再次，是技术与标准研究。探讨了基于分级存储提升数字化档案信息利用效果的解决方案；对档案利用评价指标进行了探讨研究，认为档案利用效果的复杂性和隐含性决定了利用指标的多方位性，并在剖析了两个档案利用率公式的基础上，提出了馆藏动用率、档案利用投入产出比、利用拒绝率等其他评价指标及利用指标的选择。

最后，在本体研究方面，应该建立档案利用学，认为这是社会与档案工作发展的需要，也是加强档案学建设的需要，并认为良好的学术研究环境和广泛的国际学术交流构成了档案利用学的历史机遇期。

档案利用的另一"代名词"就是档案服务，虽然有人认为二者在理念上有所区别，其实质就是一个问题的两个方面，只是前者是从利用者的角度出发的，后者则是基于提供者的视角。关于档案服务的研究同样十分丰富，并呈逐步攀升的趋势。

社会化是档案利用与服务研究新的热点，对我国档案服务的历史形态、内在逻辑、生存环境进行梳理分析，在借鉴发达国家档案服务社会化的理论与实践基础上，探讨了我国档案服务社会化的基本原则、实现路径和运行机制；运用文献计量学方法，对我国的档案服务社会化研究成果进行统计，对相关研究的期刊文献量及文献主题分布情况进行分析，得出相关档案服务社会化的基本理论研究偏多、高校档案服务社会化研究相对繁荣、加强了档案服务社会化应用层次的研究、注重档案服务社会化理论的创新研究、关注档案服务社会化发展趋势和社会化途径研究、涉及对国外档案服务社会化研究的关注与吸收等结论。

（二）档案提供利用工作的内容形式

与其他类型的档案馆相比，高校档案馆所处的环境完全不同，而且高校档案本身由于其内容和收集周期的差异，导致高校档案利用呈现出自己独特的特点：

1. 社会性不强

高校档案是高校教学科研、管理等活动的历史记录，其内容决定了它不可能有广泛的社会需求，而且现实工作也表明，高校档案的利用主体主要是高校内部各单位、个人以及少量的毕业生等，甚至某一部门形成的档案最大的利用主体就是本部门本身，高校档案利用率不高，说到底，也是这一特点的一种表现。

2. 时效性很强

高校档案的收集周期是以年度为单位的，而且收集进馆的档案大部分是对本校单位、教职工和学生开放的。由于高校档案的利用主体主要是学校内部的单位和个人，因此，高校档案的时效性就更加明显。而其他档案馆保存的档案，按规定一般是自形成之日起满三十年才能向社会开放，相比较而言时效性就显得差一些。

3. 周期性明显

从类别上看，高校档案中教学档案的数量最多、利用频率也是最高的，这与学校以教学工作为中心是相一致的。与此相对应，高校档案的利用在实践中呈现出明显的周期性就不足为怪了。具体而言，周期性一年可遇两次，一次是五六月份，一方面，这一时期是毕业生求职、出国留学等需要办理有关手续的高峰期；另一方面，准备审材料的教职员工也需要查阅档案材料。另一次是十一十二月份，这是报考研究生的时间，许多毕业生为了继续深造报考研究生时，需要提供在校学习成绩证明，这也需要查阅档案。

4. 波动性强

高校档案利用与高校政策及建设紧密相关，如高校校园建设、本科评估等，会使高校基建档案、教学档案、行政档案等的需求量陡然增加，相应地利用数量也会突然增大，因此从纵向比较来看，各年份的利用波动也非常大。

（三）档案提供利用工作的内容

档案馆（室）所开展的档案提供利用工作既包括前台服务，也包括后台的组织与准备，主要包括如下内容：

①档案馆（室）工作人员了解和熟悉馆藏档案的数量、内容、成分、价值等基本情况，掌握各种检索工具的使用方法；

②档案馆（室）工作人员调查分析和预测社会对档案的需求，把握档案利用需求的趋势；

③策划、组织和建立多种提供档案的渠道，积极向档案用户提供各种形式和内容的档案信息及相关资料；

④利用各种方式向档案用户介绍和报道馆藏，开展档案咨询服务工作；

⑤建立档案利用服务反馈机制，及时了解和掌握利用情况，以及用户的意见和建议。

（四）档案提供利用工作的形式

目前档案提供利用工作的形式主要有以下几种：

①向利用者提供档案原件，包括档案阅览室阅读档案、借出原件利用等方式；

②向利用者提供档案复制品，包括制作档案副本、摘录，编辑出版档案文献汇编，在报刊、广播、电视和网络等传播媒体上公布档案，制作档案缩微品及音像档案副本等方式；

③向利用者提供档案信息加工成品，包括制发档案证明、编写发行档案参考资料和编纂档案史料书籍等方式。

（五）档案提供利用工作的基础条件

档案提供利用工作是档案馆（室）接待各类用户将档案信息输送到用户手中的过程。要顺利实现这个过程，使档案馆（室）具有一定的对外服务的功能，需要具备以下基本条件：

1. 完善的档案管理的基础性工作

档案工作的八项业务环节中，收集、整理鉴定、保管检索等是提供利用的基础性工作，档案馆（室）只有建立和完善了这些基础性环节，才能为档案提供利用工作准备充足、有序、优良的档案信息资源。完善这些基础性工作主要包括：丰富馆藏；通过整理和检索工作使档案信息条理化、系统化；通过档案价值鉴定达到档案质量优化；修复破损或字迹褪色的档案，并对珍贵档案采取复制、缩微、刻录光盘等方式替代原件；通过建立检索系统，方便用户的查询等。可见，档案馆（室）要想大力开展提供利用工作，首先要在完善基础性管理工作上下功夫。后台准备得越充分，则前台服务得越顺利。

2. 全方位的档案提供利用的立体化渠道

档案提供利用工作实质上是一个档案信息交换、传播的活动。它应该利用现代信息传播的原理以及信息网络技术，为自己构筑一个档案信息服务的立体化渠道。

档案信息服务的立体化渠道应该包括：对档案馆（室）已有的纸质文件和音像文件的直接利用渠道、档案馆（室）的平面或立体的展示渠道、新闻与广告传媒渠道、出版发行渠道、网络信息传播渠道等。通过利用多方位、立体化的传播渠道，将档案信息最有效地推到档案利用者中去，充分发挥其作用，也使档案提供利用工作更具灵活性和适应性。

3. 适用的利用服务的硬件设施

档案馆（室）的提供利用工作需要一定的场地和设施，为此，档案部门要根据自身的职能、规模和客观条件，进行利用服务的硬件建设，包括设置固定的档案阅览场所，配备必要的阅览、复制及计算机网络设备，以及其他必备的利用服务设施。

4. 健全的利用服务的规章制度

为了保证在档案提供利用工作中档案和档案信息的安全，明确档案服务人员与档案用户的责任、权利和义务，规范利用程序与手续，档案馆（室）在开展利用服务之前应制定周密的档案利用服务和利用管理的规章制度。它们应该包括档案利用服务人员的职责、借阅（归还）档案的手续、档案利用管理、复制档案或开具档案证明、阅览室和展厅及相关设备管理等方面的内容。通过这些制度，一方面，可保证档案利用服务的质量，另一方面，可维护利用过程中档案的安全。

二、档案的统计

档案统计是以表册、数字的形式揭示档案和档案工作情况的活动。档案统计工作按过程可分为档案统计调查、整理和分析；按对象来划分，包括对档案实体及其管理状况的统计和对档案事业的组织与管理情况的统计。档案统计工作是档案事业的一项基础工作，是对档案管理开展的重要依据，也是有力的监督手段。同时，在科学研究日益注重定量分析的今天，档案统计还是档案管理理论研究的重要措施和基础。因而，档案统计工作要求做到准确、系统、及时和科学。

研究档案统计，有利于改进和完善档案统计工作的程序、内容和方式，具有实践指导意义，对档案学理论建设也具有重要价值，一方面，为档案学开辟了新的研究视角和空间；另一方面，也为档案管理理论研究提供可资借用的方法和手段（主要是定量的方法）。

档案统计研究主要探讨档案统计的原理与方法。具体包括：档案统计的意义、任务和要求研究，档案统计调查方案和组织研究，档案统计指标体系研究，统计资料整理的原则与方法研究，档案统计分析方法及运算公式，统计成果的提供利用研究等。

20世纪80年代开始，档案统计方面的研究成果不断出现，不仅分析了档案管理活动中统计工作的问题、地位和作用，还探讨了档案统计指标体系的建立、统计学一般原理和方法在档案统计中的应用，以及档案统计工作标准化等问题。后来的研究主题相对更为专一，专门探讨档案统计指标的概念、作用和种类，档案统计指标和指标体系的设计原则和内容。但更多的文章是继续探讨档案统计的作用、地位，以及对档案统计工作中实际问题的分析和措施的探索。

无论是统计工作还是档案工作都是应用和实践性极强的，所以研究人员多为档案实践工作者。同时，由于档案统计属跨学科研究，理论工作者中对档案学与统计学均有造诣且有兴趣的不多，高校和科研机构研究人员对此关注得较少。无论是统计工作还是档案工作都是应用和实践性极强的研究，所以研究人员多为档案实践工作者。同时，由于档案统计属跨学科研究，理论工作者中对档案学与统计学均有造诣且有兴趣的不多，高校和科研机构研究人员对此关注较少。

第五节　档案管理的研究对象

我国正式出版的《档案学概论》基本都由档案、档案工作、档案事业和档案学四个部分构成，并将大量的篇幅放在前三部分，即对"对象性事物"的描述和阐述上。这里所指的管理对象包括档案、档案工作和档案事业，是从宏观层面的档案管理来论述的，而微观的档案管理活动对象仅仅指文件和档案本身。

一、文件（档案）的定义

定义，是一种揭示概念内涵与外延的逻辑方法。为文件（档案）下定义，就是通过对客体事物进行理论抽象，揭示其本质属性和一般属性，以明确文件（档案）的范围和特点。档案是档案学一切叙述的起点，因而关于档案定义问题的研究，几乎贯穿我国档案学和档案史研究的全过程。各国在研究档案术语体系时也多是从档案定义开始的，而定义档案一般都是以文件的定义为基础。

也就是说，档案的定义离不开对文件的关注和界定，文件（档案）的范畴分析自然也就成了内容维度档案管理理论研究的起点和重点。在对20世纪90年代档案管理理论研究热点进行分析时得指出，在我国，档案的定义是探讨持续时间最久、发表观点最多、讨论最热烈的问题，20 世纪 90 年代，档案定义争论的热点聚集在定义中种差和属概念的选定与档案属性之上。本书对近 30 年来探讨"档案定义"的期刊论文进行统计时发现，相关研究一直绵亘不断，并呈持续发展的趋势，在 20 世纪 80 年代初和 90 年代还呈现了若干研究热潮。

对档案定义的研究分为直观判定型和抽象揭示型，认为前者有利于人们直截了当地在现实中去辨认外观意义上的档案；后者的优势则在于它追求深刻、"出手不凡"，力图将档案独一无二的"本质"揭示出来。现实中凡具有定义所界定的那种"历史记录""原始记录""信息"性质的东西均是档案，而不论其具体的存在形态及转化、形成过程如何，具体表述为"档案是社会成员（组织与个人）在其已往社会实践中直接形成的含义明确的原始记录"。

在研究档案定义时要注意一般性定义和法规性定义的区别：前者是认识档案的内在本质及主要的外部形式特征的思想手段，也是探索档案管理的科学方法、总结科学理论的理论基础；后者则是旨在规定国家或地区管理档案的范围，并以保证具有国家和社会意义（或价值）的档案不受损害。

给档案下定义的基本点在于揭示档案的本质属性，包括其一般本质属性及特殊本质属性，并提出是以文献作为档案定义的属概念，才找准了档案的一般本质属性，从而也为准确揭示档案的特殊本质属性创造了良好条件。

在梳理关于档案定义的研究时，列出的定义类型有记录说、材料说、信息说、文献说、写照和文化遗产说、载体说和文件说。"文件说"中将文件作为档案定义的属概念，体现了档案的词源与起源，揭示了档案的内涵和本质属性，有助于反映和指导档案管理工作的客观实际，因而也为国际档案组织、多数国家的档案机构与档案学者认可和使用。

在分析现代学者对档案的界定时，认为大体可以归纳为：档案是种"文件"或"文件材料"，档案是一种"文献"，档案是一种"记录"或"历史记录"，档案是一种"信息"等几种观点，并指出档案作为一种客观存在，是靠自身的某种属性来满足人们需要的物质。这种属性与需要之间的关系，存在于人们的社会生活之中，因而在定义档案时，应该用已知事物来阐释未知事物，而不是把一种已知的事物用未知或并不十分明确的某种含义去复杂化。此外，界定事物的基本目的在于认识这种事物的基本属性，进而揭示其基本属性的渊源，而档案的属性是在与人们的社会联系中产生的。从管理过程上看，档案是由社会活动中的直接产物——"文件"转化而来的。

应该根据不同时代背景对档案进行定义。以往对档案的定义表达就有两种，一为"档案是人类活动的原始性符号遗存", 适用于传统时代, 在于其内涵具有非现行性（遗）和存留性（存）, 可以将其与文件分开; 二为"档案是人类活动的原始性符号记录", 适用于数字时代, 在于其内含可以包含文档一体性和电子文件计算机系统特有的自动记录性。后来, 根据定义的规则和下定义的方法对目前档案定义的属概念进行分析, 并在对信息进行划分的基础上探寻包含档案的最小属概念, 进而认为档案的定义可以简洁地表述为: 人们有意识保存起来的人类活动的原始性符号记录。

文件（档案）定义的相关研究, 不仅对于档案学科和档案管理理论研究具有本体的和基础性意义, 是一个与档案学的逐步成熟相关联、逐步完备起来的过程, 对于档案管理实践中的一系列有关问题, 也极具有指导意义。研究档案概念及其定义, 从根本上说是档案管理实践的需要, 绝非凭空提出来的要求。对于文件（档案）定义研究的未来, 完备的档案定义不是作为某学科的先导, 而是伴随着学科体系的最终确立而确立的。随着档案管理活动的变化和档案学理论的发展, 档案研究定义也必将不断得以发展和完善。

二、文件（档案）的属性与特征

属性是指某类事物的性质及其他与事物的关系, 档案的属性就是指档案在社会中所表现出来的固有特征。正确认识档案属性和特征有利于厘清档案与相关事物的关系, 有利于维护档案的本质要求和真实面貌, 有利于认识和指导档案管理活动实践, 因而是内容维度档案管理理论研究的重要主题。

属性又可分为本质属性和一般属性（也有学者称之为"派生属性"）。前者是事物固有的, 决定事物性质、面貌和发展的根本性质, 它是区别一事物不同于其他事物的核心所在, 而后者则是从不同角度、不同侧面反映出事物的性质和特点, 往往具有多方面的界定。准确把握它们之间的区别, 是探讨档案管理相关范畴的前提。事物的质与属性是多方面的, 因此人们认识某一事物的质, 应该客观地把握事物各方面属性的总和, 而且要抓住与实践紧密相关的本质属性。档案的本质属性可以归纳为原始性、实践性和凭据性。只有切实而深刻地搞清档案的本质属性, 才能理解古今中外人们的档案意识, 才能科学地解释经得起实践检验的各种具体的档案管理体制与方法, 才能按照档案自身的运动规律做好档案工作。原始记录性是档案的本质属性, 而信息储备源是档案的基本特征。

大多学者认为, 原始记录性是档案的本质属性, 而知识性和信息性是档案的一般属性。将档案本质属性的相关研究可分为以下几个观点: 原始记录性; 客观记录的归档保存性; 信息性; 非现行性。

在梳理对档案本质属性的相关研究后, 将其归结为以下四种说法: "原始记录说",

以档案的形成过程与内容等为根据，原始记录性是档案的本质属性；"结构说"，以档案实体排列结构的特殊性为根据，提出结构性是档案的本质属性；"备以查考说"，认为不论档案的具体内容和存在形式如何，其存在本身就能作为证据或依据，因此备以查考性是档案的本质属性；"三属性交集说"，认为历史性、实践性和物质属性三者交集才是档案的本质属性，而其中单独一性都不构成档案的本质属性。

目前对档案本质属性的研究主要有"原始的历史记录性说""历史再现性说""有机联系结构说""直接历史记录事后有用性说"和"可追溯性说"等五种观点。在分析了这些争鸣中的重大分歧后，总结出档案的自然属性只是档案本质属性赖以存在的基础，而不是档案本质属性本身，并认为正是以"备以查考性"为内核的档案的社会属性，使档案与其他文献区分开来。

档案本质属性的观点归纳为原始记录性、归档保存性、备以查考性、记忆工具性、非现行性、三属性交集说与结构性说等六种，并分析了各种观点的优势与不足，如"备以查考性"的观点具有拓宽了档案的外延、突出了查考价值、强调了形成者或收管者的主观能动因素等特点；而用"记忆"理解档案可以增强公众保护档案的自觉意识和责任感、拉近档案与公众的关系、有助于拓宽档案资料收集工作的视野。

当前档案本质属性研究存在的主要问题有：命题逻辑不够严密、排他性不强，部分观点未把握住档案的特殊性、显得不够科学等。研究上的误区主要有：认识上的简单化和片面化，导致我们探讨档案的本质属性始终局限在档案自身，而不敢去考虑外部力量对档案本质的作用；片面认为档案的本质属性不能是多种属性的交集，把分类标准的设定同事物本质属性混为一谈。

对档案的一般属性和特征的研究成果更为丰富，如对档案的真实属性进行探讨，认为档案的这一属性具有整体和个体两个不同的层次，并利用了归纳、系统、文献比较等不同认识方法给予论证；档案作为信息的属性是中介性、原始性和真实性，而作为知识的属性有原型性、孤本性、继承性等；档案的特点有普遍性、广泛性、多样性、价值性和滞后性等，属性则为原始记录性、信息性、知识性和实用性。

对档案属性和特征的研究，不仅是一个学科的基础性问题，也是档案管理实践的要求。通过深入研讨和认识此类问题，一方面，可以明确档案的本质及作用，澄清档案管理理论研究的根本问题，有利于内容维度档案管理理论研究的发展和深化；另一方面，与时俱进地充分认识档案属性，有助于发挥档案工作主体的主观能动性，进而更好地进行档案建设和服务，使之在社会进程中发挥应有作用，同时也有利于处理好档案管理活动同其他工作的关系、与历史社会发展的关系。

三、文件（档案）的功能与价值

文件（档案）的功能与价值同样也是理解档案和档案管理活动的前提，作为内容维度档案学的重要研究对象，一直以来为档案管理实践者和研究者所关注。由于档案的作用多样、价值表现丰富，人们对此看法和认识各异，档案之功用，多因观点与立场不同，持论见解互有差异，各以其自己之主观，强调其作用。历史学家视档案为史料，可供编纂史籍之根据与参考。收藏家视老档案为古物，行政家视档案为治事之工具。但正因为如此，才使得档案的相关研究更具前途和生命力，近三十年来，中文期刊的相关论文就多达 670 余篇。

（一）档案价值研究

正确理解和把握档案价值，对于完善档案学理论体系和科学地鉴定档案的价值具有重要的理论和实践意义。目前对档案价值的研究主要包括对其价值内涵、价值形态、价值规律和价值鉴定的研究等方面。

关于档案价值内涵。档案价值包括自身价值、转化价值和使用价值。其自身价值来源于档案劳动的特征，是转化价值的基础，而转化价值是自身价值的倍数。档案价值观归纳为劳动价值说（认为档案价值是凝结在档案中的人类一系列劳动）、效用价值说（认为档案价值就是档案的有用性）、关系价值说（认为档案价值"就是档案的属性与人们社会需要的统一"，其实质是一种关系范畴）和社会价值说。国内外档案学界关于档案价值定义的研究归纳为三类：客体价值论（或为"内在价值说"，认为档案价值是档案本身内含的和固有的），主体价值论（认为档案价值是由利用者的主观意志决定的，人们对文件的需求越大，文件的价值就越大）和关系价值论（认为档案价值是客体对主体的意义所在）。档案价值根源于档案客体，却取决于主体，并产生于主体的实践认识活动中，是主体与客体间的一种特定关系。在评价这些档案价值研究时，"主客体关系价值论"缺乏必要理论依据，不能担当问题探索的指导理论，"使用价值论"的实质是"一种价值论（即使用价值）"，只有马克思主义的劳动价值论对档案价值问题研究具有深刻的现实意义。

关于档案价值形态和档案价值规律。所谓档案价值形态，就是指档案价值的具体表现形式，是对各种档案价值具体的抽象和概括。档案价值与档案价值形态之间是抽象和具体、一般与个别的关系；而由于档案价值是客观存在的，档案价值的实现自然也有一定的规律可循，研究和掌握档案价值形态和实现档案价值的规律性，是为了在尊重这些客观存在和规律的基础上，更合理、更有效地发挥档案作用。

档案价值规律主要有价值扩展律、档案机密程度递减律和档案科学作用递增。

从不同的角度剖析和划分，档案价值具有不同的表现形式：根据档案价值实现领域和效果的不同，可分为凭证价值和情报价值；根据档案价值实现时间的不同，可分为现实价值和长远价值；而根据价值主体的不同，可分为第一价值和第二价值。而档案价值实现的规律主要有扩展律、时效律和条件律等。

档案的基本价值包括凭证价值与参考价值；档案的基本作用包括维护国家、集体和个人权益的法律书证及在政治斗争、行政管理、生产建设、科学研究、宣传教育等方面的各种作用。而档案发挥作用的规律，包括档案作用的时效律和扩展律、机密性递减律和社会性递增律、行政作用弱化律和科学作用强化律、档案价值共享律及档案价值条件律。

档案的价值表现形态有知识价值、凭证价值、史料价值和艺术鉴赏价值；其价值运动规律有档案价值转换定律（即知识价值随着时间的推移而衰减，并逐渐变成史料价值）和凭证价值守恒定律（即档案凭证价值不会随时间而发生变化）。

档案价值，依据档案价值的形成发展过程，可分为保存价值与利用价值；根据档案价值的作用性质，可分为凭证价值与情报价值；从空间划分，可分为对形成单位的原始价值与对其他单位和公众的社会价值；从时间划分，又可分为现实利用价值与历史研究价值；从作用范围和领域划分，还可分为行政价值、经济价值、科学价值、文化价值、军事价值和法律价值等。档案价值实现规律有主导律、扩散律、价值扩充律和衰减律。

档案价值研究的集大成者对档案价值的现象、本质及其运动规律进行了全面的探讨。档案价值由本体论、认识论和实现论三部分组成：其中，本体论研究了档案价值本身的存在、根源、性质和形态及其方式等方面的问题；认识论包括档案价值认识的含义和内容、认识的系统结构和形式、认识方法和鉴定等；实现论包括档案价值实现的含义和实现规律（如时间对档案价值实现的双向影响规律、社会性递增规律、环境或条件规律）。

（二）档案功能研究

对档案价值的研究离不开对档案功能的关注，两者关系密切：前者是档案这一特定事物在与外部的关系中表现出来的能力、功效或作用，而后者是指档案对利用者需要的满足，是人的需要对档案属性的肯定关系，可以说功能决定着档案的价值，而价值实现又使档案功能得以发挥和显现。两者的区别是，价值具有较高的抽象性，具有比较稳定的特征，而功能则相对比较具体，可以根据环境与需求的变化呈现出多种形式。因而，对档案功能的研究更为丰富多样。

档案的功能和价值主要有：证实功能和社会价值，指导功能和业务价值，物化功能和经济价值。档案具有收集和存贮功能、社会历史记忆功能、资政决策功能、授业与教育功能、学术研究功能、休闲功能等。档案内涵的真实性决定档案的自身价值，并由此产生三方面的社会功用：是获取信息的主要来源、编史修志的必要基础和是各项工作的重要依据，其具体表现为检测、评价、交流、教育、咨询、决策和凭证等功能。

档案的功能在日常存放的状态下是潜在的，只有通过档案利用实践才会显现出来，因而要通过档案利用实践去发现和认识档案功能。

档案来源的广泛性和内容的丰富性，决定了档案功能和价值形态的复杂性和多样性，研究档案价值和功能，有利于发现和掌握其特征和规律，进而提高档案工作的科学管理水平。

第三章　现代档案信息化管理模式创新

第一节　不同载体档案的统筹管理

信息化是一场革命，它引起了档案管理的深刻变革。社会信息化为档案事业的发展提供了一个集理念、方法、技术为一体的大背景，档案事业作为社会文化事业的重要组成部分被列入国民经济和社会发展的总体规划，遵循和服从社会信息化发展的总体要求和战略布局，从而使档案事业的自身发展与国家信息化发展战略相统一、相协调。档案信息化是 21 世纪现代档案管理区别于传统档案管理模式的重要特征，也是信息社会档案管理业务发展的必然趋势。档案信息化改变了档案工作者的思想观念、档案业务的工作环境、档案馆的组建方式以及档案的载体形式。档案不再拘泥于以纸质、录音和录像为载体，而是多以数字形式形成、传递、移交、鉴定、归档、保管和利用，档案工作借助于计算机实现自动化，开展档案工作，挖掘档案资源，提供档案利用。信息化为档案利用者提供了前所未有的方便性，馆藏档案数字化成为历史的必然。数字化档案信息在急剧增长，以全新的思路、方法和举措来发展档案事业是信息时代、知识型社会赋予 21 世纪档案工作者的新使命。

在我国，信息化真正在各行各业应用起来并产生有历史价值和凭证作用的电子文件和数字化档案信息，是 20 世纪 90 年代以后的事情，有条件的档案馆也随之探索和开展档案信息化的初期建设和简单的案卷目录计算机化管理和查询利用。但从全国来看，依然还有很多档案馆（室）尚未启动信息化或还未真正将计算机和信息系统使用起来，各行各业档案信息化的应用水平也参差不齐，产生和形成的档案有模拟的，也有数字的，使用的载体有纸质的，也有光盘、硬盘和其他数字格式的。应该说，进入 21 世纪，我们处于一个纸质与电子、模拟与数字档案共存的状态，处于传统管理向现代管理转变的过渡转型期：档案馆内部存有大量的纸质档案、缩微胶片、录音和录像带等各种载体的实体档案，档案馆新接收的档案既有各种形式的电子信息，也有大量的纸质档案。在这个特殊时期，档案载体形式多元化、管理工作复杂化、技术手段多样化、服务利用个性化成为了现实的挑战，而档案管理的组织和队伍却很难随之更新和发展。因此，随着档案资源和档案信息管理规模的不断扩大，档案信息的管理问题势必引起社会的高度重视，要求档案工作者思考统一的管理思路，兼顾所有载体档案的统筹管理。

一、档案目录信息统筹管理

无论是电子的还是纸质的档案，无论是手工管理还是采用计算机实行自动化管理，整理、分类和编目始终都是档案工作的重要组成部分，档案目录是各级各类档案馆（室）提供档案服务利用的基础信息，也是实现档案检索和提供档案利用的重要依据。馆藏的传统载体档案中，手写档案目录是最常见的方式，而新归档的各类档案会形成各种机读档案目录，或以 Excel、Access、Word，或以关系型数据库格式存储的数字形式的目录信息。为了方便档案利用者，档案馆（室）必须对已有馆藏和以后归档的所有档案的目录信息进行整合，按来源原则或信息分类方式分别进行整理、分类与合并处理，形成能够覆盖各类档案资源的目录信息，并采用档案管理信息系统对档案目录信息实行统一管理，实现目录信息的资源共享和统筹管理。要避免目前一些档案馆的做法：数字化档案采用管理信息系统进行管理，纸质档案采用手工翻本的方式进行检索。在档案馆实施信息化过程中，目录信息的数字化也是很重要的一项任务，不能由于工作量大、过去没有录入而成为历史遗留问题。

档案目录信息统筹管理的另外一个含义是案卷目录和卷内文件目录的关联管理，即尽可能将卷内文件目录也实行计算机化管理，并与其对应的案卷目录进行关联。当检索到案卷目录，就可以方便地浏览其卷内文件目录，提高检索的准确度；当检索到卷内文件目录时，也能够很快地定位到它所对应的案卷目录及其所在的库房存址，以方便调卷。

当然，由于档案馆人、财、物等资源的限制，档案信息化工作也是一个循序渐进的过程，不可能做到一蹴而就，因此，需要根据业务工作需要的紧迫程度，首要解决重要问题。有些档案馆在信息化实施一开始，注重新接收档案的目录建设和全文管理，而将原有馆藏档案的目录和实物数字化作为二期工程进行实施。实力较强的档案馆则将两项工作并行开展，以加快档案数字化处理和信息化利用的效率。无论采取哪种策略和方式，档案信息化最终的效果是将档案馆的档案全部实行信息化统筹管理，既方便档案工作者，又方便档案利用人员，更能为未来档案资源的社会化服务与信息共享奠定坚实基础。

二、目录全文一体化管理

档案全文，一方面是指馆藏档案内容的数字化信息，如缩微胶片、照片以及纸质档案数字化形成的静态图像文件，磁带、录像带等经过模数转化后形成的声音、图像等多媒体文件；另一方面是指各机构使用计算机和办公自动化系统等产生的电子文件归档后形成的数字化档案信息。这些全文信息是档案的内容实体，与档案目录信息相比较，档案全文能够提供更详细、更完整和更准确的内容和信息。然而，很多档案馆在接收电子文件或进行数字化加工后，没有将这些原文信息很好地管理起来，而是将这些数字化全文和图像存储在光盘、磁盘或网络存储器上，与保管纸质档案一样，把它们放在库房中，甚至没有进行分类、编目，根本无法进行系统化管理或提供利用。这完全违背了馆藏数字化和接收电子文件进馆的根本宗旨。我们知道，数字化信息最大的特点是利用的方便性和检索的快捷性，档案馆花费了大量的时间、人力、物力和财力开展馆藏档案数字化与接收电子文件进馆的主要目的是为了方便利用，对于使用频繁的历史档案，也能起到保护的目的。

实行目录全文一体化管理是信息化管理中比较有效的一种方式，其工作原理是首先在档案目录中进行检索，缩小范围，然后再检索全文，以便准确定位查档目标。通常采取的方式是，将档案目录信息采取关系型数据库管理系统实行统一管理，将扫描后的图像文件和新接收的电子文件/档案以文档对象或文件形式存储在文件服务器或者内容服务器上，并通过一定的访问规则将档案目录信息与这些文件对象进行关联。在检索到档案目录信息时，就可以浏览和检索全文。如果在信息系统中，还需要按照系统设定的用户对目录和全文的浏览、检索权限进行处理。

目前，很多档案馆在接收电子文件时，采用"目录全文关联归档"方式。这种归档方式是将电子信息分门别类，整理成方便检索的目录信息，并将电子原文与电子目录进行关联挂接，即将电子信息的目录与全文进行捆绑。具体实现思路就是把目录信息与电子全文信息分开存放，将电子信息进行分类、编目，形成档案目录信息，将目录信息存放在关系型数据库中，将电子全文存放在文件服务器或数据库的二进制存储对象中。因此，在实现电子信息归档时，必须做好分类编目、原文整理以及梳理它们之间的对应关系。同时与之相配套，需要建立"电子信息背景应用环境"自动下载中心，以确保电子文件/档案的可读性。

文件中心可以是一个将所有欲归档的信息集中在一起的一个逻辑管理中心，其物理位置可能是分布式存放在每一个业务系统内部，也可能是存放在档案馆的一个专门的服务器上，网络的使用已经模糊了电子信息的物理位置，只需要按照要求使工作人员方便管理、方便访问就达到了目的。

在实际利用工作中，并不是所有有价值的档案都会被所有的档案利用者频繁查找，如工程设计或建筑系的人员需要经常查询的是工程图纸类的档案信息，而很少关心财务类的档案，而建筑专业的利用者基本上只查看此类档案的应用软件和浏览工具。正是基于档案利用者的这个根本需求和特点，因此"目录全文关联归档"方案是方便可行的，不需要像"脱机存储法"那样，针对每一类电子文件信息都记录它们的应用背景、环境信息，使存储介质中贮存了大量的冗余信息，造成资源浪费。但是，为了满足和方便利用者查看其他类电子档案信息，如单位领导可能会查看各类综合档案，"目录全文关联归档"方案采取提供"电子信息背景应用环境"自动下载并提示装载的手段，以满足对那些想查看数字档案信息，但其客户机上没有安装运行环境的网络用户的要求。

实施"目录全文关联归档"，要求档案工作者要转变传统的工作方法，从档案利用者的需求出发，分析档案被利用的范围和特点，遵循档案管理的原则和标准，对部门形成的数字化档案实行即时归档，即将"目录全文关联归档"的思想贯穿于电子档案形成的全过程。档案馆（室）的工作人员也要充分利用现代化管理手段，通过网络开展指导、鉴定、归档与管理工作，将工作重点转移到分析档案利用者的需求、开发档案资源的编研与开发、监控电子文件的形成过程，将工作模式从"被动接收"转变为"主动挑选"，将真正有价值的、值得保存的电子文件转化为未来社会需要参考和利用的档案资源。

档案信息的"目录全文关联归档"方案，充分体现了档案工作者在电子文件归档过程中采取的"主动服务、一体化管理"的全新理念，也保证了归档以后的电子信息能够获得科学有序的管理和充分利用。这种方案已经被很多档案馆所采用，并且推广应用于馆藏档案数字化处理后的目录信息与电子图像信息的管理中，这是目前我国档案信息化工作过程中值得借鉴和采纳的、行之有效的解决方案。

三、档案工作的"双轨制"

各行各业信息化的大力开展，必将形成大量的电子文件和电子档案，但这并不等于档案馆以后就不再接收纸质文件。由于电子档案的法律依据、永久保存和安全管理等方面还存在这样或那样的须进一步探究和明确的问题，而实践经验告诉人们，优良的纸质档案可以保存上千年。因此，在未来相当长的时间里，电子档案和纸质档案将长期共存，二者之间的共存、互动与消长构成了信息时代人类记载历史的特殊方式。"双轨制"将成为21世纪档案工作的主流模式。

"双轨制"是指在文件形成、处理、归档、保存、利用等过程中，纸质文件和电子文件二者同时存在，两种载体的文件同步随办公业务流程运转，同步进行归档、同步进入归档后的档案保管过程。实行双轨制的机构，在文件（包括收文、发文和内部文件）进入运转程序时就以电子和纸质两种载体并存，业务人员要对同样内容的两类文件进行并行办理。由此看来，"双轨制"的核心是从文件的产生开始就以两种载体形式记录各项社会活动的信息。这些记录中有保存价值的将作为档案进入归档阶段，将纸质和电子的记录同时移交到档案馆（室）。实行这种从头至尾的彻底双套做法是各行各业信息化应用的初级阶段，特别是在《中华人民共和国电子签名法》发布之前，电子文件的法律效力无法被认可，电子文件的安全性、真实性和完整性很难得到保障。《中华人民共和国电子签名法》经全国人大审议通过并正式生效之后，有了法律保护，电子签名具有与手写签字或盖章同等的法律效力，电子文件与书面文书一样具有同等法律效力。从此，借助于网络环境、数字签名、身份认证等技术，确保电子文件从产生、审批、流转、会签、归档等各个过程的原始、完整、有效和可读，实现无纸化办公，成为 21 世纪人们追求高效率和科学化、规范化、自动化管理的现实需求。在这种形式下，是否还需要在文件的运转过程中实行"双轨制"成为大家关注的焦点和热点问题，也是学者们研究的重点。

就网络、电子环境本身而言，尽管其存在先天的"不安全"和"淘汰快"等缺点，但每一种新的服务器、存储器、数据资源管理系统的出现都会兼容老的版本或者出台新的数据转换或迁移方法，目的是确保原来的电子数据不失效或可读。事实上，很多"读不出来"的"丢失的"数字化的文件和档案，究其原因主要是在计算机硬件环境和软件平台升级的特殊时期，没有及时做数据的转换或迁移工作，当属管理上的失职。当然，每一次转换或迁移都有可能破坏档案文件的原始性，或者丢失一些相关信息，这才是为什么要实行"双轨制"的根本原因。

彻底的"双轨制"需要投入很多人、财、物，在电子文件形成过程的管理上也很复杂。因此，很多单位采取了"双套归档"的做法，一种是将办公自动化系统中属于归档范围的电子文件在归档前，制作纸质拷贝，归档时将二者同时移交到档案馆；另外一种则是对纸质的文件进行数字化扫描和文字识别处理，形成纸质档案的电子拷贝。这样，保存的电子文件可以方便网络化利用，纸质文件则主要用作永久保存。有些单位则采用缩微技术，实现档案的缩微化保存。这些做法不可避免会增加档案馆接收档案和管理档案的复杂性，提高档案管理和保存的成本，但这依然是 21 世纪档案工作的主流方式。随着时间的推移，档案馆保存的纸质档案和电子档案的比例将会逐渐发生变化，但纸质档案还会在相当长一段时间成为馆藏的主要部分。

因此，各档案馆需要根据自身管理档案的特点和所拥有的资金、人才、网络设备资源等状况，选择恰当的档案接收方式，开展档案的接收和档案信息化管理工作。比如，是全部档案做双套归档还是将重要的部分做双套归档，是在管理过程中随着档案利用的需要做数字化还是全部数字化等。在些问题上，每个档案馆的情况都不完全相同，因此无固定的模式可循。

第二节 文件档案的一体化管理

计算机的普及，电子文件的产生，各种办公自动化系统的推广和应用，使文档一体化管理真正成为可能。一套新的管理思想、技术和方法将取代过去的管理模式。文件档案一体化管理是文件生命周期理论和全程管理与前端控制思想应用于电子文件管理的典型模式。在网络信息系统中，电子文件和电子档案很难截然分清，各行各业的信息化形成大量的电子文件，在结束其现行业务之后，需要将有保存价值的电子信息进行整理、归档，进入永久保存期，这必然使文档一体化管理模式进入实质性的应用阶段。

一、文档一体化管理思路

文档一体化强调电子文件全过程管理的连续性和信息记录的完整性，目的是确保有保存价值的电子文件，自生成开始到生命周期活动过程结束的全过程，信息能够获得完全的记载和一致的保存。文档一体化管理的思路体现在以下几个方面：

（一）管理过程的互动性

文档一体化最重要的特点是：将现行业务系统的工作与档案工作实现互动与交叉。一方面，使档案工作者从文件生成之日起就能够开展鉴定、归档及归档后的管理，通过前端参与和过程控制，加强为社会积累财富的执行力；另一方面，也使得开展现行业务活动的工作人员增强了对档案的认识程度。他们不仅要认识到，只有将有价值的文件完整归档并移交给档案部门进行保管才能算相应的工作真正结束，同时还要意识到，在开展现行业务系统的过程中，要责任明确、注意积累，记录电子文件活动全过程中所有重要的和有价值的信息，确保电子文件的真实性和完整性。管理过程的互动性加强了多方人员工作中的交流与沟通，对形成和积累有价值的、完整的、真实记载社会活动记录的电子档案具有非常重要的社会意义。

（二）应用系统的统一性

文档一体化管理模式的实现是文件和档案共同依赖统一的管理信息系统，并运行于同样的网络、服务器、数据库管理平台，采取相同的数据、文件存储格式，不同的是管理文件与档案工作人员对信息系统的操作权限有所不同。在文件的生成、处理、会签、审批等各个业务工作处理阶段，业务工作人员拥有对文件的增加、修改、删除等权限，而档案工作者只有查看、浏览的权限。在文件结束其现行期业务工作之后，进入归档阶段时，由电子文件的归档整理人员进行筛选、整理，而档案工作者则开始履行电子文件的鉴定职能和归档前的指导工作。在电子文件归档形成电子档案后，档案工作者则需要开展电子档案的保管，并为档案形成单位和社会提供档案的服务与利用。应用系统的统一性使得在从文件到档案的转变过程中，不再需要数据转换和迁移，保持了文件信息的真实性和完整性，同时也降低工作人员使用信息系统的复杂性，减少了使用过程中的错误发生率。

（三）工作流程的集成性

在传统的文件管理过程中，文件的形成、归档和作为档案保管与提供利用等环节，都将文件生命周期清楚地划分为三个相对独立的过程，即现行期、半现行期和非现行期，并通过现行业务工作部门、机构档案室和档案馆三个物理位置不同的部门分别完成各自的工作。而文档一体化则将文件、档案的管理流程实现了集成，要求在一个统一的系统内，有统一的控制中心，统一的工作制度，统一的且各有特点又互相衔接的工作程序，将档案著录、鉴定、保存和管理等工作贯穿于文件的形成、流转、会签、批准或签发、整理、鉴定、归档、移交、保存或销毁等各个环节，实现各个过程中工作流程的集成和信息的共享，而且能够根据不同的文件与处理要求定义特定的工作流程，实现流程的优化和个性化处理，提高了工作效率，降低了档案接收和保管的复杂性，避免了信息的多次录入和产生不一致信息的可能性。工作流程的集成性体现在以下几个方面：

1.归档工作与文件处理业务活动的集成

各单位在采用办公自动化系统形成和处理文件时，可以考虑对重要文件贴上归档标记，保证其在处理完毕之后即可存入档案数据库。这个动作将一直被定位为将业务活动最后环节的归档，贯穿于电子文件处理的业务流程的各个阶段。

2.归档工作和鉴定工作的集成

文件形成之日对重要文件做归档标记，是对文件保存价值的一个初始判断，档案工作人员在开展鉴定工作时，重点考虑带标识的文件。这样既保证了鉴定的质量，又提高了工作效率，使归档文件的质量控制和文件的技术鉴定工作得以同步进行。

3.归档工作和用户权限设置、数据备份等安全保护活动的集成

归档意味着电子文件管理权由文件形成单位转移到档案保管单位，系统用户对文件的操作权限随之发生变化，另外归档过程中需要对归档电子文件做电子签章、做数据备份，这些工作都可以随着归档工作的结束同步完成。

4.归档工作与档案整理工作的集成

归档的同时，系统将根据预先设定的档案目录信息著录的规则，实现自动分类、自动著录，然后，在人工参与下进行核对、再确认和添加档案室（馆）保管档案的其他元数据项的内容。

（四）业务处理的自动性

文档一体化是在充分信任的网络、计算机和信息系统的数字环境下开展工作，采用信息技术和基于工作流程管理理念实现的自动化信息系统，不仅提高了工作效率，而且降低了错误发生的概率。同时，在一些业务处理环节增加了系统自动处理技术，如电子文件版本信息的自动跟踪、电子文件处理过程中的责任链信息的记录、基于管理规则实现的电子档案的自动标引等，都大大提高了业务处理工作的自动化程度，减少了人工操作的复杂程度。由于这些自动化的处理过程是通过系统进行身份认证之后自动生成并保存记载的，因而，大大提高了电子文件整个生命周期活动中信息记载的真实性和完整性。

（五）归档工作的及时性

通过对文档一体化应用系统的广泛使用，档案工作者能够随时对归档范围内的、已经完成现行期使命的文件实行鉴定、整理、归档和提供利用等工作。一旦电子文件的形成机构确认该文件已经结束现行期的历史使命，就完全能够实现即时归档、即时鉴定，避免以往通行的隔年归档中存在的各种问题，如丢失、泄密、滞后等。

（六）安全管理的有效性

文档一体化，一方面，使电子文件归档过程变得简单、快捷，自动化程度高；另一方面，使人们对电子档案原始文件与档案目录数据实现了同步管理，最大限度地减少了人工的干预，不仅提高了归档工作的效率，更重要的是大大增强了归档过程的规范性和安全性。至于网络和信息系统带来的安全风险，是能够通过采取各种现代技术手段得到控制和加强的。事实上，据权威机构统计，70%的信息安全事件来自于管理上的漏洞，应该说采用自动化手段执法比靠人工执法的安全性要高。特别是在《中华人民共和国电子签名法》颁布实施后，电子签名、数字证书、身份认证等一些安全措施和技术手段的采用，也将大大增强电子文件和电子档案安全管理的有效性。

二、文档一体化实现方法

文档一体化管理系统的建立离不开计算机与网络技术的支持。现代化的办公系统要求文书与档案工作紧密衔接，实现办公信息的传递、存储、查阅、利用、收集的现代化和自动化。由于受我国文件和档案分开管理传统模式的束缚，迄今为止，办公自动化系统与计算机档案自动化管理系统是两个相互独立的系统。目前，不少名为"文件和档案管理一体化的信息系统"，其实也只是将文件管理和档案管理并列，而非真正将数据集成在一起，仅仅是将办公自动化系统产生的数据自动导入档案管理的信息系统，这绝非真正意义上的文档一体化管理信息系统。文档一体化要求对归档文件的真实性、完整性、有效性要在文件产生阶段就要加以控制，鉴定、编目、著录、标引等工作也要在文件产生和处理阶段进行。因此，研发能够覆盖电子文件全部活动，实现文档状态记录和全过程管理的集成系统，将部分"档案管理工作"前置到"公文处理工作"中的文档一体化计算机管理信息系统，是实现文档一体化管理的关键。

从文件产生到利用的生命周期角度看，文件与档案的关系决定了它们具备实行一体化管理的条件。一方面，现行文件与档案是一个具有内在联系的整体，它们的物质形态、内容主题以及本质结构都是相同的，均是附在有形物质上的信息，其区别仅在于文件是现行文件而档案是历史文件，从现行文件变成历史文件，是一个顺序完成的过程。显然，归档文件与档案只有文件所处阶段的区别而无本质的不同，对处于不同阶段的文件实行一体化管理，是社会发展的根本要求。另一方面，文件形成、处理部门与档案部门只是分别管理处于不同阶段的文件，在文件的产生、流转、审批阶段，文件处于不停的流转过程中，所以需要分散保存和管理，这有利于随时查用和迅速运转。文件分散保存的任务主要由文件产生部门承担。当文件运动周期完成以后，文件就处于"休眠"状态，这时需要集中整理后并归档保存，这样既有利于档案的完整、安全和科学的管理，又有利于向社会各界提供查询利用，这就需要有一个服务机构即档案馆（室）进行统一管理。因此，文件形成与处理部门和档案馆二者都是为了存储、传输和利用文档信息而存在。

从系统学的角度看，文件和档案的管理是一个完整的信息系统，在这个信息系统中，文件质量的好坏直接决定着档案的质量，档案的质量又对未来文件的形成、收集和整理归档产生推动作用，二者的关系十分密切，相互关联又相互影响。因此，把文件和档案纳入到一个统一的系统内进行管理，既有利于文件与档案信息资源的系统化优势的发挥，又符合档案馆（室）现代化管理的快速发展需要。

（一）文档一体化系统业务流程

文档管理的实际办公过程比较复杂，本书以公文产生、流转、审批、归档为例说明文档一体化管理的业务流程。有保存价值的电子文件经过整理、鉴定、审核、移交、归档到档案部门管理后，形成电子档案。

（二）文档一体化系统功能结构

通常情况下，文档一体化管理信息系统的功能包括系统维护、收文管理、发文管理、归档管理、文印管理和档案管理。这几个模块相互关联，内部信息集成化共享，真正实现了电子文件到电子档案的自然归档和一体化管理。

1. 收文管理

以电子文件的形式处理和记载上级公文、平级来文，用户可根据公文的登记日期、急缓程度、当前流转状态等过程信息快速有效地找到相关文件并进行相应的操作，主要包括收文登记、收文流转、文件催办、流程监控、文件发布等过程。

2. 发文管理

处理并转发内部制定的或外来的文件。电子文件起草后，均须逐级通过各主办与会签部门人员的审批和修改，最后提交领导签发，形成正式的公文，然后登记、归档。主要包括发文起草、发文流转（含修改留痕、文件套红）、文件催办、流程监控、发布等主要工作。

3. 归档管理

电子文件的归档大多采用以下两种方式：一是通过机构内部局域网的电子公文传输系统从网上实现自动归档，系统通过归档环节后，电子文件的管理权就移交给档案管理部门，成为电子档案。此时，其他业务人员能够按照系统授予的权限查询电子档案，但不可以修改。档案在归档环节中，系统需要设定各种技术措施如电子签章、完整性验证等手段来确保归档的电子文件是有效的、完整的。这种方式是文档一体化系统内部自动实现的功能，档案管理人员只需要按照系统使用要求进行合理的操作，关于系统的数据备份、安全性等措施需要按照档案法和电子文件归档标准与规范严格进行管理和实施，在系统设计之初，档案业务人员需要提出充分的需求才能保证文档一体化管理系统功能的完整性且符合实际工作的要求。二是各立卷部门在向档案馆移交纸质档案的同时，上交电子载体存储的各种信息，如磁盘、光盘等。这种方式主要用于一些重要的凭证性或机密性电子文件的移交，归档后的管理也应采取相应的物理隔离措施和安全防护方法，特别是涉密档案不能存储在网络上，防止泄密。

4. 档案管理

根据国家版本的电子档案归档与管理的相关标准，执行档案的移交、接收、审核、保存、管理、查询、统计以及提供服务利用等工作，档案形成机构可根据档案的信息类别或档案来源建立相应的档案信息资源库，并可根据归档年度、归档部门或档案实体分类等建立快速检索机制，方便借阅和提供利用。

（三）电子文件网络化归档的真实性保障方法

电子文件的归档过程包括电子文件归档产生的数字化档案信息（以下简称增量数字化档案信息）的形成、归档、管理和利用四个重要阶段，每个阶段都需要采取各种策略和方法保障档案信息的真实性。

现行期电子文件是增量数字档案的原生信息，这个阶段档案信息真实性保障的主要责任人是电子文件连续被处理的多个现行业务工作者。信息系统中常采用的技术保障措施是电子签名、日志跟踪、计算机处理等，在信息系统中记录和保存电子文件的形成、流转、审批到结束现行期业务全过程的原始信息和变动信息，形成电子文件的多个过程版本，并在终稿完成后，在档案专业人员的指导下，及时开展电子文件的归档工作。电子文件在现行期的任务结束后，其真实性风险因素主要取决于人为原因造成修改或者网络黑客有意篡改系统中记录的原始信息、过程信息和终稿内容。因此，保障真实内容的安全方法是建立电子文件的终稿转存库，实现电子文件从现行期系统中自动转入半现行期提供利用的信息系统中，加强管理，增强系统的自动化处理功能，采取各种有效措施确保终稿的电子文件不被任何人修改。因此，现行期电子文件所生存的办公自动化系统应采用电子签名技术加强对访问该系统的用户身份的认证，在文件终稿形成并进行发文或归档前加盖电子公章以避免被修改，这正是对《中华人民共和国电子签名法》的具体实施。

进入归档阶段的电子文件，如果采取网络化归档方式，应重点防范网络上非法访问的篡改行为，以及网络传输过程中数据被修改的可能性。这个阶段，建立客户信任的专网传输通道是必要的也是很有效的，利用公网传输的用户可以考虑采用 VPN 技术实现网络化归档，充分采用 VPN 的数据加密、身份认证、访问控制、隧道封装技术等，以保障档案信息从信源真实地传送到信宿。对于密级较高的数据，采取介质归档比较稳妥。当然，这个过程中，归档单位对档案人员工作的管理制度和规范化操作要求依然是非常重要的。在这个过程中，档案专业指导人员的重点在于监督执行，并严格控制由于人工原因造成的失误。

电子文件归档后进入档案及其信息的接收、维护和综合管理阶段，档案馆（室）接收的电子文件应具有法律依据，《中华人民共和国电子签名法》规定了电子签名的有效使用方法。因此，档案形成单位在移交电子文件时，需要采取法律上认可的电子签名、电子印章等方法保障准备移交的电子文件的真实性，档案馆（室）在接收档案时应首先验证电子签名、电子印章的合法性，并将归档的信息与电子文件终稿转存库中的信息进行比较，在核实真实完整后，才能正式接收电子档案并将其迁移到档案馆的信息管理系统中，此时还需要在实行物理隔离的档案信息的灾难备份数据库中新增当前的档案信息，然后再开展维护管理和提供利用等工作。

提供利用的档案信息按照档案法、国家保密法规和档案保管条例，一般只在网上提供公开档案信息的服务利用，在档案工作人员严格执法和规范化操作的前提下，破坏档案真实性的风险因素主要来自网上非法用户的恶意篡改、病毒攻击等，因此在提供档案信息网络化利用时，除了加强网络安全防范措施外，还需要对公开档案信息采取灾难备份，并定期对网上提供利用的开放信息进行真实性核对。

由此可见，档案馆（室）制定各个阶段电子文件真实性保障的规章制度将贯穿电子文件生命周期的整个活动过程，建立物理隔离的电子文件终稿转存库和档案信息的灾难备份库是保障档案真实性的有效措施，虽然会增加信息化系统的运行成本，但在确保档案信息真实性方面是非常有效的，也是可行的。

三、文档一体化深化应用的要求

实现文档一体化管理是信息时代档案工作的全新管理模式，是适应电子文件、电子档案管理发展的必然要求。文件、档案一体化管理的最佳实践是，在组织机构内部建立功能涵盖电子文件生命周期业务活动的管理信息系统。

文档一体化的实现，使办公业务实现自动化、规范化，档案管理日趋现代化，具有电子文件从起草时就备份、从办文时就修正、办完后就归档、鉴定及整理等工作都能依靠计算机实现互动管理等优点。当然，开展文档一体化管理工作，对档案工作者也提出了更新、更高的要求，要求工作人员不仅要具有丰富的档案专业知识，还必须掌握现代信息技术，熟练地使用计算机及通信设备。

（一）提高认识、统一思想是文档一体化管理的基本要求

文档一体化的实质是将机构各部门相对分散独立的文件与档案统一为一个有机的整体进行管理。这不仅能够加强档案部门对文件管理的超前控制，保证档案的质量，而且能够实现文档数据的一次输入，多次利用，减少重复劳动，节约人力、财力、物力和时间。然而，要想真正实现文档一体化管理，对档案工作者而言，特别是档案部门的领导，必须对文档一体化管理理念有一个全面、客观、科学的认识，并达成共识：一体化管理的真正受益者是档案工作者自身，认识到新时期文档一体化的必要性和紧迫性，认识到这是时代

赋予当今档案工作者的使命，只有这样才能够顺利推行文档一体化管理，加强自觉性，使他们面对困难不逃避、不退缩，勇于接受新鲜事物，逐步实施和应用文档一体化管理模式来开展各项业务。

当然，信息化工作是一个长期而复杂的系统工程，需要各单位投入必需的经费支持，这就要求各单位应逐渐增加对档案管理部门的投入（包括人才、资金、设备等），落实档案事业经费，高度重视档案信息化建设，把档案信息化作为机构信息化建设的一个重要内容来抓，统筹规划，同步发展，提高档案管理的工作质量和效率。

（二）加强电子文件管理的标准化与规范化

文档一体化管理，使电子文件与电子档案之间的关系更加密切，把二者放在一个综合的管理系统中，作为前后衔接、相互影响的子系统，统一地组织和控制整个文件生命周期的全过程。由于文件管理与档案管理的这种前后相承的关系，文件管理直接关系到档案管理的存在和发展，只有文件管理做到标准化、规范化，档案管理才能够顺利地展开。如果文件管理无章可循，紊乱不堪，可以想象档案管理各环节也会陷入忙乱无序的状态，这也会影响综合管理信息系统整体功能的效用。因此，必须强化电子文件管理的标准化、规范化，严格规范表达文件内部特征和外部特征信息的各个项数据，为更好地推行文档一体化管理服务。作为档案工作者，应严格按照《中华人民共和国档案法》和《电子公文归档管理暂行办法》，参考《电子文件归档与管理规范》，对现行文件管理过程提出各种标准、规范和具体实施要求，从而促进文档一体化管理的规范化和标准化。

（三）加强培训和继续教育，提升档案工作者的综合素质

文档一体化管理要求档案工作者不仅具有档案学基础理论知识及专业知识，还必须掌握现代信息技术，熟练运用计算机及现代通信设备来操作网络化管理信息系统，要求档案工作者不断调整自己的知识结构，提高技能，加强综合素质的培养。如果不熟悉计算机，不懂网络知识，根本无法接受文档一体化管理思路，更无法开展电子档案的管理工作，也不可能参与到电子文件管理的全过程中。因此，加强档案信息化咨询与培训，开展现代档案管理专业知识和档案信息化技术知识的继续教育，是档案部门迫在眉睫的任务，也是实现文档一体化管理的前提。否则，进行前端控制，开展电子文件的完整、有效和安全管理就成了一句空话。

第三节　推动馆藏档案的数字化应用

为适用公众网络化查档和档案信息化管理的多元化需求，馆藏档案数字化和开展档案数字化应用系统的建设已成为现代档案管理的一项重要内容，对档案工作者而言，这也是一项全新的任务，需要在充分认识到馆藏数字化重要性和必要性的基础上，采取有效的策略和方法，开展馆藏档案数字化系统的建设和有效使用。

一、馆藏档案数字化的意义和任务

各级党政机关、企事业单位要充分认识信息资源开发利用工作的重要性，加强政务、企业、产业等信息资源的开发与利用，充分发挥信息资源在信息化建设中的重要作用。档案信息资源的开发与利用是现代档案工作的重中之重。档案作为一种特殊的文化资源，是国家信息资源的重要组成部分，它的开发与利用具有非常广泛的社会价值和实际意义。

馆藏档案数字化工作主要包括两项任务：一是将传统载体档案目录进行数字化；二是将档案内容进行数字化。

档案目录数字化的主要工作是对载体档案进行编目，并将目录信息录入到计算机系统中，建立档案目录数据库，利用管理信息系统实现档案目录数据的计算机化管理和目录信息的资源共享。

档案内容数字化的主要工作是将馆藏的纸质、照片、录音、录像、缩微等档案通过扫描、加工、处理（包括去污处理、图像处理、OCR 识别等），转变为文本、图像、图形、流媒体等数字格式的信息，存储在网络服务器中，利用计算机及信息系统提供查询、检索和浏览服务。

二、馆藏档案数字化的思路与方法

"一切为了用"是开展馆藏档案数字化的主要目的。这就说明了档案馆工作人员不仅要开展档案目录信息的著录、馆藏档案内容的数字化加工与扫描，更需要建立一整套完整的综合业务管理信息系统，加强数字化后的档案信息的利用服务工作。由于馆藏数字化需要花费大量的人力、物力和财力，加之数字化加工过程对档案原件也会有或多或少的损害，所以，不能盲目地赶潮流、追先进、不分先后、不讲策略地将馆内所有档案逐渐进行数字化。

（一）做好馆藏档案数字化的前期基础工作

需要对哪些档案进行数字化、采取什么方法来开展、数字化加工需要购买哪些设备、除此之外还需要做哪些准备工作，以及如何做等，都是馆藏数字化的前期基础性准备工作。

1. 做好可行性论证

一方面，要根据档案利用的需要、资金情况、馆内人员知识结构、馆内软硬件平台、馆内信息化应用现状等基本状况；另一方面，在充分了解和认识馆藏档案数字化系统建设的复杂程度和技术要求之后，做好馆藏数字化系统建设的可行性论证工作，确保系统建设自始至终不被中断，确保数字化后的档案信息能够真正使用起来，见到实效。

2. 选择数字化加工方式

数字化是保管档案过程中所做的一项技术性较强的现代化处理工作，这对习惯了传统管理工作的档案工作人员来说，具有较大的难度。因此，需要提前做好规划，明确系统建设的实施方案。主要包括：馆藏档案数字化系统分几个阶段完成，每个阶段的任务和目标是什么，应对哪些档案做数字化加工和处理，数字化加工处理过程中的安全控制、进度控制、质量控制和成本控制等过程中应采取的方法与策略，数字化后的档案信息如何与现有的计算机信息系统实现集成，如何发布档案信息以及提供利用，如何解决备份和长久保存等问题，这些都需要提前做好解决方案，并在档案工作人员和数字化加工协作人员之间达成共识后，才能开始工作。边加工边讨论的方式只能导致工期拖长、见效缓慢、安全性保障难，甚至导致项目失败。

对馆藏结构、馆藏量、馆藏利用量、馆藏档案年度、馆藏档案受损情况、档案存储介质、各存储介质的寿命等综合因素进行深入的分析，围绕档案永久保存特点、用户快速查档和高频查档的要求进行深入的研究，按照档案利用率和档案的紧急保护程度对库房档案进行量化分析，按年、季、月进行排序的需要进行数字化处理的档案案卷数量、纸张数量、纸张大小以及声像和缩微胶片的档案数量等汇总，并以此来提出对购买设备的种类、数量和性能的要求。

如果档案馆内有缩微品档案且数量比较大，以后还会有进馆的缩微档案，就需要考虑是否在馆内购买缩微扫描仪，以解决长期的缩微品数字化的问题；如果数量很少而且以后也不会有缩微档案进馆，那么就不需要购买专用设备，可以考虑采用一次性的外协加工方式。录音、录像档案数字化方案也采用同样的分析方法，根据具体情况考虑是否需要购买专用设备，并建立数字化加工流水线等事项。

多数档案馆藏以纸质档案为主，因此，建立纸质档案的数字化加工流水线几乎成为必须，当然各档案馆（室）也可以根据自己的实际情况，不购买扫描设备，采取分批分工的外协加工方式，只需要将加工后的数字档案信息进行科学管理、利用信息系统提供服务利用。这也是一种推荐的馆藏档案数字化加工的解决方案，特别是在数字化加工量比较大时，即便是在馆内建立数字化加工流水线，如果没有聘用足够的扫描加工工作人员，单靠档案馆内部工作人员很难在短时间内完成加工任务、达到良好效果，而专业化外包加工服务能够在保障质量和安全的前提下快速完成任务。

（二）确定数字化加工的协作模式

档案内容数字化工作包括数字化预加工和深加工两步。预加工能够将纸质档案、照片档案、缩微胶片等转变为电子图像文件，不能将纸质档案上的文字信息进行完全处理，深加工则是利用技术含量较高的 OCR 和语音识别等处理技术获取载体档案中的文字信息，以利于提供全文检索。

馆藏档案数字化工作量大，涉及到扫描加工、图像处理、数字信息存储与管理、OCR自动识别技术等，仅依靠档案部门的力量开展系统建设是很困难的事情。

1. 在系统建设之初就需要开展需求调研与分析，考虑需要购买哪些硬件设备和软件支撑系统以及系统能够实现的自动化程度等，这必然需要开展大量的咨询、诊断和分析等工作，聘请有经验的、开展数字化加工的专业服务机构来协助档案馆开展系统规划是非常必要的。

2. 开展数字化加工，首先要建设一个能够支持加工过程各个环节进行数据管理的信息系统，然后再基于该系统有条不紊地开展工作，只有熟练操作和使用各类数字化设备的加工服务人员才能确保速度快、质量高，确保工作的有序开展。

3. 数字化加工完成后，生成的各类电子图像、原文信息、档案目录数据等都需要做关联处理，而且需要以光盘或者网络存储方式进行发布。

信息发布本身又是一个系统，需要专门开发，如果采用成熟的软件将会大大缩短数字化后的档案数据的呆滞时间。目前，市场上开展数字化加工的专业 IT 公司已经在信息系统建设、加工流水线、安全保障等方面开展了大量的工作，积累了较为丰富的经验。借助于这些 IT 公司的力量来开展馆藏档案数字化是一个省时、省力、省钱且相对安全的高效方式。

（三）保障数字化档案信息的真实性

在馆藏档案数字化过程中，数字化档案信息的真实性、完整性保障主要体现在档案实体的扫描加工和档案目录的数字化两方面。

1. 扫描加工过程中的真实性保障

馆藏数字化档案信息在其形成、管理和提供利用的过程中，制定保障档案信息真实性的规章制度是非常重要的管理措施，各个阶段的安全保障侧重点不完全相同。

在数字化加工的档案信息形成阶段，加强对数字化加工人员的管理是非常重要的，其中最重要的是，不允许将档案带出加工基地。另外，数字化承包商为了保证信誉也需要制定严格的加工基地管理措施，多采用半军事化、流程化、自动化、岗位责任制等用以强化管理、反抄袭的管理模式，杜绝档案信息在处理过程人为外泄。在档案信息形成阶段，信息真实性的风险表现为技术上的不成熟因素，如扫描过程中信息丢失，图像到文字转换过程中产生错误识别等因素，因此采取较高的技术手段是完全可以保障信息真实性的。由于每个过程、每个岗位都会将数字化后的档案信息与档案原件进行比较，而且参与加工的人员主要从事体力劳动，一般不雇用文化程度较高的人员。他们对档案也不是很了解，甚至无心了解，因而，这个阶段档案信息真实性的保障主要是采取先进的技术手段来减少误差。

在数字化档案信息的管理和提供利用阶段，这与电子文件归档后进入该阶段的管理相类似，同样利用灾难备份库对新形成的馆藏数字化后的档案信息进行备份，并在管理和提供利用的过程中加强网络安全管理，提高档案馆内部管理人员操作的规范性和管理工作的程序化，制订自动核对计划，确保档案信息的真实性。

2. 数字化档案目录信息的真实性保障

数字化档案目录信息一般都存储在数据库文件中，它的安全性主要取决于数据库管理系统自身的管理能力，它的真实性主要取决于档案管理员依法管档的严格程度。这一部分数据是管理人员根据档案原件提取出来的、用来描述档案原件核心内容的元数据信息（也可能是电子文件自动归档过程中通过预先设定的规则自动生成的、描述文件属性的元数据信息），这一部分信息并不像档案原件那样具有凭证性作用，它只是为了方便管理和快速检索而形成的，并且在以后的管理过程中某些信息可能会改变。因此，它的真实性并不像人们对档案原件数字信息的要求那样高，但为了不产生负面影响，要求档案目录信息的著录人员应依据档案管理学理论，按照档案著录的标准和规范严格要求自己，严格保障目录信息的真实性，从而更有效地提高档案的检索和利用效率。

（四）加强数字化档案信息的整合与集成

馆藏档案数字化和电子文件归档后，产生了大量的数字化档案信息，如果只将其刻录于光盘或存储在磁盘中，不提供系统化的档案利用服务，是错误的和无意义的，也不是馆藏档案数字化的真正目的所在。一些档案馆在开展数字化之前就使用了档案管理信息系统来管理档案的目录信息，并在馆内提供档案目录信息的检索服务，也有一些档案馆在开展数字化的同时也建立起电子文件归档系统，收集电子文件并整理其目录信息，还有些是将馆藏档案数字化作为档案信息化的启动工程。但无论是哪种情况，都需要处理好当前档案馆面临的电子文件归档、馆藏档案数字化和对传统载体档案管理的业务关系，将这三项主要工作形成的数字化档案目录信息和档案内容对象实行同步管理，对于电子档案有纸质备份的或纸质档案有数字化拷贝的，都需要做关联处理，做到同一档案内容的一致性管理。否则，在档案馆分别建立电子文件管理系统、馆藏档案数字化管理系统、纸质档案管理系统，必然会造成系统间数据重复，甚至不一致，从而增加管理的复杂程度。

21 世纪初，我国的各级各类档案馆正处在纸质档案与电子档案并行接收和管理的特殊时期，传统载体档案的目录数字化需要计算机管理，馆藏档案数字化后形成的图像文件需要信息化管理，电子文件归档后形成的电子档案也需要信息化管理。因此，当前档案工作的复杂程度相对较大，需要制定科学的管理制度，梳理管理流程，加强对档案实体和档案数字化信息的集成化管理。只有这样，档案工作的效率才会得到较大程度的提高，档案信息才能得到有效的利用。

（五）保障数字化档案信息的存储安全

数字化档案信息的安全管理是档案信息化应用的前提条件。档案安全管理的重要性是由档案本身和档案管理的性质决定的，档案信息化建设必须充分考虑电子环境、应用系统和档案数据存储等方面的安全问题，正确处理方便、高效使用与安全管理的关系，不能因过分考虑安全而限制了档案信息的网络化传输与使用，这样将大大降低网络化应用系统的使用价值。对于数字化档案的网络化存储系统，一方面，要求使用带自动备份功能的专用服务器和数据库管理系统，能够配置备份作业计划并安全执行，如光盘库、磁盘阵列、专用网络存储设备等，对备份信息能够实现数据的迁移和方便的恢复；另一方面，也应同时使用安全介质备份，定期刻录（复制）备份信息，实行异地保管。

当然，数字档案的安全保障更需要建立健全管理制度和安全操作规范，实行有效的网络安全管理手段和措施，采用严格的授权管理解决方案。从档案内容的安全管理角度来说，应充分考虑以下基本的安全保障原则：

1. 密级区分原则

对保密档案信息实行物理隔离并将责任落实到人。

2. 内外区分原则

开发档案信息与受控使用的档案信息进行区分。

3. 用户区分原则

将档案形成人员、档案管理人员和公众用户分别设立不同的使用系统和浏览数据的权限。

4. 系统区分原则

将档案馆内部使用的档案管理信息系统、电子文件归档系统、档案信息发布与利用服务、行政规范性文件管理等系统加以区分，严格控制各自的安全操作权限。

（六）提供数字化档案信息的方便利用

馆藏档案数字化的一个根本目的是方便利用，如果将数字化后的图像刻录成光盘存放在库房中，与纸质档案采用同样的管理方式，那么数字化的效果就很难体现出来。只有真正将档案的数字信息放在网络环境中，提供网络化的高效服务，才能确保投资有收益。

第四节　推动档案资源的社会化利用

在信息社会和知识型社会迅速发展的 21 世纪，在档案信息化建设与发展的众多方面，无论是技术手段，还是信息资源的有效积累和广泛利用，都必将以档案信息资源的整合、集成、共享、利用作为出发点和落脚点，以传承人类文明，共享信息资源，实现社会的可持续健康发展。

一、档案资源的知识化积累

档案的形成（鉴定、收集、整理与归档）是从个体知识到组织知识，再到社会知识转换的文化积累、动态跟踪的历史记载过程，档案的开发与利用（编研、开放、发布与利用）是人类传承文明、创新发展的进步与发展过程。这两个相互衔接、彼此推动的过程循环往复、推陈出新，构成了人类社会的知识化动增长和社会化自适应的档案资源不断丰富的过程模型。这表明了档案文化通过"传—承—积累—发展—传"这样一种类似于文化加工厂的生产工序，随人类自身的繁衍而形成民族文化生生不已、无始无终的传承环链。

21 世纪初，我国的电子政务与各行各业的信息化已经进入了以知识管理为核心的快速提升和综合运营的重要发展阶段，信息技术的发展把知识管理推到了重要的位置，"以知识为基础的经济社会"的提法更表明了人们对知识和技术在经济增长中的作用有了更充分的认识。可以想象，未来的互联网是一个丰富多彩的"知识网"，是一个储存综合知识的文化资源大仓库。档案作为人类社会活动的原始记录者和忠实承载者，记录了人类社会成果的同时也揭示着人类文化，它是民族文化遗产的重要组成部分。同时，档案在文化传承中占据着举足轻重的地位，发挥着不可替代的作用，正是由于有了档案与档案管理，人类才能够不断地在继承中存在、发展，在存在、发展中延续，不断使自己真正成为一个连续的时空整体。档案与档案管理是人类社会时空统一性和连续性的维系之道。因此，档案资源必将会成为未来"知识网"中不可或缺的重要组成部分，世世代代传承着人类的文明。

二、档案资源的共享化利用

社会信息化使档案信息资源面临着一个全新的生存环境与发展空间。档案应该记载"人类生活的方方面面"，档案工作者要"创造一个反映普通百姓生活喜好、需求的全新的文献材料世界"，档案馆藏是反映"人类生活的广阔领地"。因此，档案资源唯有回归社会，得到最大限度的利用，才能体现档案保管的价值和作用。事实告诉我们，实现档案信息资源的集成化管理和共享化利用是档案贴近公众、服务社会的最佳解决方案。

要实现档案信息资源的共享化利用，首先必须在档案基础数据库的建设上下功夫。档案基础数据库是建设数字档案馆和开展档案信息化的基础性工作之一，是实现档案信息资源的集成共享、统一管理、高效检索和方便利用的基础信息存储结构，更是国家信息资源数据库建设的重要内容。今天，我们处于信息技术快速发展的知识经济时代，国家、城市综合服务资源库的建设是社会发展的需要，是加强政务公开、实现便民服务的一项基础性工作。我国已经在人口、法人、自然资源与宏观经济四大数据库的建设方面取得较大成效，档案作为人类社会活动的历史记载，档案资源的开发利用和档案基础数据库的建设是国家信息资源建设的重要组成部分。可以说，档案基础数据库的建设已经成为各级各类档案馆面向社会提供档案资源利用服务的基本职能，成为我国整合档案信息资源、弘扬民族文化、提高民族素质的历史性课题，同时也是档案工作者采用现代化手段记忆当今社会改革、建设、发展的真实过程，支撑社会经济发展的历史性责任和义务，更是政务公开、提高办事效率和促进科学决策的依据。

在我国，目前也有一些省市级档案馆开展数字档案馆建设，制定了符合各地区需求的数字档案的元数据格式规范，建立了档案目录中心，提供部分开放档案信息的检索服务功能，具有典型示范作用。比如，某省档案基础数据库建设，它是基于分布式数据库，在原来单机和局域网络的基础上开发完成，它连接了若干分布式数据库，并建立了档案目录数据库、档案内容数据库等。但是多数档案馆还没有真正建立全面的、系统的、面向公众查档需求的档案基础数据库，而只是建立了一些专门的特定主题的数据库，只能满足一些局部或特定的用户需求，特别是开放的档案信息资源没有实现集成，信息结构不统一，档案数据不系统、不完整、不能共享。更为严重的是，没有形成一个统一的、能够描述数字档案资源的格式规范和建设档案基础数据库的标准方法、实现档案资源的整合、组织与存储的技术方案和行之有效的建设思路。另外，建设档案基础数据库的关键技术如海量、非结构化的数据存储解决方案，基于知识管理的数据仓库和数据挖掘等技术尚未在档案信息化领域得到广泛应用，这些因素都大大降低了档案基础数据库建设的速度和质量，致使各类档案资源难以形成一个统一的资源库整体，限制了档案资源的深层次挖掘和广泛利用。因此，研究档案基础数据库的元数据标准集、数字化档案信息的格式规范以及档案基础数据库的建设思路和方法、各类结构化和非结构化档案数据的组织、存储和检索利用的关键技术、整合方案、提供检索服务和共享利用的有效机制等，将成为当前档案馆信息化建设重要的基础性工作。

三、档案信息服务机制变革

随着全国各行各业信息化进程的加快，档案馆信息化应用也逐渐走向更广、更深的领域。档案信息服务将不再拘泥于传统的、单一的方式，将会有所创新，趋向多元化发展。

（一）服务方式由被动性向主动性转变

改变传统的被动服务方式，积极主动地开展档案信息服务。长期以来，在档案信息利用上，总是遵循一种传统的服务方式——"等客上门"。这实质上与信息社会的发展极不协调，不利于档案信息价值的体现与发挥，封闭了档案信息表现价值的众多途径。而档案信息的服务方式也必须考虑到档案的特性，"送货上门"也是不行的，不符合基本要求。档案信息的主动服务方式应该是"请客入门"。

具体的措施包括：

①开展针对档案利用者的利用需求研究，主动地提供档案信息利用，首先要广泛、深入地研究不同方面、不同层次的利用者。

②进行必要的档案宣传工作，社会对档案还没有广泛的认识、了解，利用它就无从谈起了。

③提供多种档案信息利用方式：编制多样化的检索工具，形成一个全功能、高效益的检索系统；加强编研工作，编研成果的出版发行及交流，能将档案价值的精华系统、全面、集中地向社会公布，向档案信息利用者提供有效捷径；拓展档案信息中介服务机构。

（二）服务手段由传统型向现代化转变

计算机网络技术、数据库技术以及多媒体技术的发展使得档案信息服务手段发生了巨大的转变。借鉴相关学科数字化发展的研究成果，实现档案管理现代化应借助于数字化综合管理信息系统，把分散于不同载体、不同地理位置的档案信息资源以数字化的形式储存，以基于对象管理的模式管理，以网络化的方式互相连接，从而提供及时利用，实现档案信息资源共享。我国是发展中国家，经济和技术条件的制约决定了档案管理手段转变的长期性，传统的档案馆信息服务技术与服务手段将得到一定程度上的扬弃，将以新的信息传播循环方式提供档案信息服务。

（三）服务内容由单一型向多元化发展

通过网络等信息技术与其他档案馆、信息机构及整个社会信息资源建立起紧密的联系。其信息服务将增加新的内容：诸如档案信息资源网络化组织管理、档案信息资源的网络导航、档案信息的数字化开发与提供利用、档案用户的教育培训等。例如，在档案利用者的教育培训方面，就要在对利用者进行传统档案检索和获取方式培训的基础上，重点帮助利用者学会如何利用数字化的信息资源、如何选择档案信息数据库、如何从网上获取所需的档案信息、如何操作远程通信软件等。档案信息组织方式、检索方式、采集方式，较之其他类型的文献信息来说，具有复杂多样、技术含量高、对利用者信息能力要求高等特点，而我国熟练使用档案信息的人很少，所以对档案利用者的信息检索能力、信息获取能力、信息筛选能力、信息识别能力的培养是一项档案信息服务的重要内容。

（四）档案资源由封闭性向开放性转变

在网络环境下，档案馆信息服务资源已不再仅仅局限于馆藏档案信息量等指标，而是着眼于档案馆获取档案信息、提供档案信息的能力。所以档案馆在充分开发利用本馆馆藏档案信息外，还必须通过网络检索利用其他档案馆馆藏信息和网上信息资源。

建立档案信息资源的现代化管理系统，将档案信息纳入计算机网络，从而达到最快捷的信息资源利用效果。通过网络等信息技术实现档案信息价值的最大化，并最终取得档案信息服务于社会的最佳效果。这需要一个过程，从单机操作到建立档案管理信息系统网络、连接有关信息机构网站，最终并入国际互联网。从我国现实情况来看，这将有一个长远的过程，然而这必将是档案馆信息服务发展的终极目标。

（五）档案资源由单一型向多样性转变

档案馆提供的单一信息服务的资源是以收藏纸质档案为主要内容。在网络环境下，档案馆综合信息服务模式的服务资源则要朝着多种载体形式并存的方向发展，包括各种电子文件、光盘、多媒体、缩微载体和声像载体等，尤其要增加数字化馆藏资源的建设。网络环境下的数字档案馆所拥有的完整的馆藏含义应该是"物理实体馆藏 + 数字化馆藏"。我国档案馆在档案信息数据库建设方面的任务是：在保留传统档案文献的同时，应通过协作与协调，在一定程度上对馆藏资源进行数字化，要注意将各馆独特价值的馆藏文献数字化，制成光盘或上网传播，使各馆上网信息独具特色，并在此基础上形成一个档案信息网络。

四、档案文化产业的形成与发展

文化产业在全球范围内是一个新兴的产业。20 世纪 50 年代，文化产业在西方一些发达国家逐渐兴起，随着社会物质文明的进步与发展，追求精神上的享受已经成为一种时尚，甚至成为人们生活的必需。我国文化产业的发展起步较晚，但在教育、体育、旅游、出版业、娱乐表演、媒介广告、影视以及印刷、中介、经营、管理、咨询等方面已经形成规模，有相对完整的运作体系。现在国内很多著名的城市，已经将文化产业和信息产业列为城市发展的两大产业支柱。这充分说明了新时期文化产业的形成与发展已经成为我国国民经济发展的重要内容。档案作为网络时代重要的信息资源，在现代知识经济型社会中起着越来越重要的作用，档案业务的开展正在被推向新的工作模式，档案文化的发展也被置于一个全新的市场背景之下。

具有深厚文化底蕴的档案，其固有的知识性、价值性、信息性、凭证性决定了档案是全社会重要的文化资源，具有潜在的开发利用价值和市场需求，这是档案文化产业能够形成的先决条件。这里，我们试图按照文化产业的运作规律定义档案文化产业的理想模式。档案文化形成产业必须具备的基础环节以及这些环节需要有协调互动的关系。

收集和整理、鉴定和归档业务是档案文化产业链的生存基础；不断积累和丰富的档案随着社会的发展和时间的推移，成为宝贵的社会资源，它的深挖掘、细加工和全方位的开发利用是使档案资源价值增值的基本手段，因此，专业化的编研与开发是产业链活动过程中最重要的内容之一，也是将档案资源转变为文化产品的重要环节；商品化运作是人们认识档案文化产品的根本途径，只有经过流通环节才能变成人们熟知的商品，才能被消费、被吸收，也才能产生更高层次的需求，这是产业链能否形成的核心因素；需求流（即市场信息流）、资源流和资金流贯穿档案文化产业发展的全过程，缺一不可；档案文化产业链中每个环节点上的活动可以自成体系，各个环节协调运作是档案文化产业链持续存在和良性发展的基本保障；档案文化产业的发展与壮大将会增强人们对档案资源的认知度，将会吸引更多的投资者，借助于档案文化产品产生越来越多的社会效益和经济效益。

全球经济一体化使得档案文化产业的形成具备了充足发展的条件，但要真正发展起来，形成以档案文化产品为服务对象的产业化服务，还需要根据我国档案事业发展的具体现状，适时、适度地开展，同时也需要看档案从业人员和相关领域的工作人员能否抓住机遇，迎接挑战，开展各项有益于社会发展的档案文化宣传和利用活动。当前，我国的档案事业已经在以公益性档案服务事业为主的基础上，开始了商品化档案文化产品市场的开发与发展，这是适应全球经济发展的重要举措。然而，为适应社会的进步与发展，我们还需要进一步在档案事业和档案科学领域中不断地探索和思考，不断地创新和发展。

（一）更新观念，关注现实，按照先进文化的理念管理档案

按照先进文化的理念管理档案是摆在我们面前的极其重要的任务，也是历史赋予我们的重任。在理论上有所突破的同时，更应关注现实实践的探索与应用。就档案文化产业的功能而言，主要体现在利用档案资源为人类各种活动提供的服务上，而不在于其能否营利和在多大程度上营利；其服务的对象应该有社会性和广泛性，应该包括对社会各阶层、各领域的服务。当然，这种服务有一部分应该是有偿的，但其公益性决定了必须是微利的。事实上，档案的有偿服务已经在档案利用方面体现出来。可以预言，今后可能有多种收入渠道建立起来。档案有偿服务是一个十分复杂的问题，盈利在现阶段很难作为档案文化产业建立的前提，档案文化的发展也不可能靠档案部门自身的有偿服务来维系。

（二）以政府改革为契机，调整工作体系，转变职能，创新档案文化发展体制

档案管理体制改革势在必行，应以政府改革为契机，调整档案工作体系，转变职能，适应知识经济时代档案文化发展的需要。可以考虑将学会改为协会，发挥协会工作制的积极作用，将教育培训、沟通协调、评估等协同工作交给协会来开展。政府要把档案工作列入经济社会发展计划，各地方或专业协会的职能要用法律形式固定下来，以协会为纽带，以档案馆（室）为实体，加强档案局的执法监管力度，重构新型的档案管理工作体系。从功能上讲，档案局的工作重点放在如何保证国家对档案的依法管理和国家对档案资源的所有权，主要职能是要体现依法监管和服务。档案协会是以服务为主、监管为辅的行业组织。档案馆是档案工作实体，作为协会成员，应履行会员义务，缴纳会费，得到协会提供的服务，并接受协会监管。同时，协会也是档案工作或从业人员利益的保障组织，在依法治档

和保守国家秘密的前提下开展活动。

（三）以信息化为手段，促进档案行政管理体制改革

现行的档案上解制度、馆藏优化工作是长期未解决的重大课题。信息化工程的实施可以将档案的实体管理与信息管理实现物理分离，改变或取消多年沿袭的档案上解制度，仅此一举，就能为档案工作节约巨大的人力物力。在目前情况下，档案信息的网络服务则能从根本上打破多年来档案重保管、轻服务的现状，根本改变人们对档案工作的认知程度，这对开发档案信息资源意义十分重大。我国信息化的理论和实践都证明，在实现管理机构的扁平化、提高行政效能等方面，信息技术起着重要的能动作用。就行业特点来讲，档案也是发挥信息化功能的最好应用领域之一，依靠信息决策依然是档案高层管理的主要理念，特别是办公自动化与电子文档管理的集成，现在和将来都是政务与企业信息化的重要方面。档案信息又成为各类数据仓库与决策支持系统的基础数据组成部分，为电子政务所必需。

（四）开展旨在建设先进文化的各类档案收集、利用、宣传、服务活动和项目

当前我国档案文化产业活动主要依靠政府财政拨款的支持，在一个较长的时期内，仍会以这种方式为主。目前，各类档案文化活动相继开展，如教育、展览等活动取得了比较好的社会效益。重大事件和个人档案的征集工作也有新的突破，但在认证服务和各类提供凭证性的服务工作中，作为档案部门的特色服务方面仍无章可循，存在很大的随意性。在现有机制下，档案的收费服务规定也不统一，主要是科技、教育及文化档案本身的市场化利用没能反映知识产权的价值。在以后的改革和新的管理体制下，这些方面应该有所突破。今后，在档案服务方面，通过网络计算机提供的档案信息服务将成为档案文化服务的主流，这种服务无疑是面向全国经济政治的各个领域，其范围也将是全国化和国际化的，如果没有市场化运作的保障机制，将是不可能实现的。

（五）提高档案工作人员或从业人员的综合素质

提高档案工作人员或从业人员的综合素质是档案文化得以发扬光大的关键。近年来，档案人员文化素质的变化很大。但是改变档案人员"档案保管员""资料保管员"的形象以适应现代社会发展，还需要一段较长的时间。档案工作者应该具备所在行业的普遍性常识和档案管理的专业知识，要掌握信息化知识、基本的计算机操作技能和数字化档案的管理与备份技巧，又要有文化产业要求的市场开发能力和服务能力，达到信息时代的公务员与文化工作者的双重要求。这无疑是对现在档案工作者的挑战。

当前，我国正处在以档案文化产业政府监督与资助下的公益性档案服务事业为主、以商品化档案文化产品市场为辅的格局中，各级政府和档案部门正积极筹划，以深化改革为契机，把档案文化推向社会，推向市场。相信将来有一天，人们必定会迎来一个档案事业发展的新时期，档案文化将成为社会文化产业中的一朵奇葩。

第五节　档案资源的多元化保存

21 世纪，社会信息化的普及与应用使档案信息的保存与管理呈现多元化趋势，档案的保存方式正从以纸质档案为主的传统载体走向光、电、磁、网络等新型载体，而且随着数字档案信息量的不断增长和扩大，档案的管理和存储问题势必引起社会的高度重视。

一、介质存储

从古至今，介质存储一直是保存档案的主流方式，不同介质承载的档案本质属性并无差别，都是人类认识世界和改造世界的历史记录，是社会的重要信息资源。人类曾以石器、竹器、纸张、磁带、缩微胶片等作为载体记录档案的内容，而在网络信息时代，由于档案的形成在很大程度上依赖于计算机及其应用系统环境，档案信息以数字形式展现给人类。为了保存这些数字形式的文件和档案，人类发明了软盘、磁盘、光盘等存储数字信息的新型载体，使用这些载体，人们能够方便地存储、迁移、展示和传播档案信息，开展深入的编研开发工作，为社会提供档案利用的多样化服务。与传统档案载体相比较，数字形式的档案载体为公众提供了灵活、方便利用档案的机会，而对于习惯了保管传统载体档案的档案工作者来说，面临的新挑战是，如何将这些新型载体档案进行永久保存和广泛利用。

关于数字资源永久保存问题的研究，国内外已经有很多单位付出了努力，有的致力于提高数字信息载体的寿命，有的则在扩大载体的存储容量、降低存储成本上下功夫。以光盘为例，自 20 世纪 90 年代中期以来，光盘作为现代数字信息存储载体，以其制造成本低廉、容量大、使用方便、保存时间长等特点而正在取代许多传统信息存储载体如纸、磁带等。光盘的使用越来越广泛，而且随着光盘技术的发展，光盘的容量越来越大，从 CD、VCD、到 CD-R、DVD 及 CD-RW、U 盘等新产品层出不穷。然而，正是由于数字信息载体的更新换代太快、太频繁，尽管一代代产品的兼容性越来越好，但由于档案这一固定内容的"原始性不能被修改"的属性决定了档案具有快速发展和频繁更新的特殊性，肩负保管社会历史记录重任的档案工作者，不仅要考虑档案信息利用的深度和广度，还需要重视档案的完整保存和真实有效。因此，很多专家提出了21世纪"双套制"工作策略并被很多单位所采纳，即将有保存价值的电子文件归档时，同时做一套纸质备份或制作缩微胶片，延长档案的保存寿命，将存储在数字信息载体上的档案主要用于提供利用服务和载体备份。"双套制"是过渡时期档案管理的一种可操作的解决方案，在一定程度上减轻了档案工作者保存档案的压力，但增加了管理过程的成本。在实际工作过程中，很多单位采用纸质、缩微、数字信息载体各制作一套备份，这样，制作成本、管理成本呈现持续上升的趋势。应该说，随着档案信息量的增大，这种方式很难持续较长的时间。另外，并不是所有的数字档案都能够制作纸质或缩微的备份，只能以数字载体形式进行存储，这就需要加强管理，制定长期保存数字档案数据的管理规范和规章制度。在选择较长寿命存储载体的前提下，定期进行检查，根据需要做数据迁移，并在数据迁移的过程中确保档案的真实、完整和有效。因此，我们期待具有较长寿命和稳定特性的数字信息存储载体问世的同时，更需要提高现代管理的水平，保证工作的有效性。

二、网络存储

数字档案信息的产生是历史的必然，也是社会公众对档案利用渴望的结果。档案记载着历史，传承着文化，档案信息对人类社会的发展与进步起着承前启后的作用。在数字化高速发展的今天，网络已经渗透到社会各个领域的日常运营管理中。具有海量存储性能的网络存储产品及其组织与管理数字信息的软件系统的问世，为数字档案的存储提供了可能。各级机构建立的互联网、专网和内网则为档案的网络化收集、整理、归档、存储、传播、利用提供了基础平台。

网络存储领域最典型的代表有直接附加存储、网络附加存储、存储区域网以及内容寻址存储。区别于介质存储的脱机方式，网络存储的主要作用是提供数字信息的在线访问，而数据管理则是解决网络上数据的组织、存取与访问方式，目的是管理数据并提供访问机制。通常采用关系型数据库管理系统（RDBMS）、文件数据管理系统和内容存储管理系统等。

网络存储技术解决方案是将数据存储与数据管理技术紧密结合起来，提供存储和管理的一体化解决方案。所以，存储管理软件与存储器硬件设备在网络存储管理方案中占有同等重要的地位。网络存储未来的重点已经不仅仅是硬件技术本身的问题，而是如何高效地对存储资源进行管理。存储管理应该包括三个基本范畴，设备管理、用户管理和数据管理。

另外，需要指出的是，在选择网络存储的硬件设备时，数据通信接口标准是非常重要的因素。目前，有两种技术标准即光纤通道技术和IP存储技术。光纤通道技术是由存储网络工业协会（SNIA）推出的存储管理接口规范（SMI-S），是一次革命性的进步。其主要目标是使不同的存储设备供应商提供的系统之间能够互相兼容。SMI–S 的部分基础是建立在分布式任务管理通用信息模型（CIM）上的，它是一个面向对象的信息模型，定义了系统构件的物理和逻辑结构。CIM 则是基于 Web 的企业管理的一部分，它包括一个基于 XML 的加密规范和一个通过 HTTP 访问模式化对象的方法。SMI–S 的主要目标是提供一个基于标准的管理接口，使存储设备上的数据可以被视为逻辑组件，如逻辑单元、存储池等。在理论上，SMI–S 可以给网络管理员提供一个在不同供应商提供的设备中发现设备的标准接口，而且通过这个接口可以收集设备的配置、状态信息以及上述逻辑单元的信息。光纤通道技术对那些要求可靠、高性能的高端 SAN 用户是一个技术风险较低的选择。但它的高成本、有限的互操作性、相对还不太成熟的标准，决定了它能够并不是对所有的用户都很合适的技术产品。IP 存储技术的最新进展是 iSCSI 技术，它使 SCSI 指令封装于 TCP/IP 协议中传输。iSCSI 既有光纤通道技术的部分优点，又继承了以太网和 IP 技术的优点。另外，iSCSI 也克服了光纤通道技术的距离限制。理论上，用户可以以一个相对较低的投资实现 WAN 上的远程复制。最初的应用是具有 iSCSI 光纤通道技术的桥接路由或网关，未来将发展为端到端的 IP 连接。iSCSI 兼容的设备要比光通道设备便宜得多，因而有更广泛的市场。由于 iSCSI 是进程敏感型的，软件驱动和标准的以太网卡也许无法有效地支持它。因此，需要开发 TCP/IP 卸载引擎或者 iSCSI 主机总线适配器技术。其他 IP 存储技术包括 IP 网络上的光纤通道技术，它可通过 IP 通道将两个光通道帧汇集成单一帧。iFCP 是网关到网关的访问方法，它将光通道帧封装到 IP 包中，在 IP 地址和光通道设备间建立映射，以实现光通道存储设备之间的传输。iSNS 是 iFCP 和 iSCSI 系统中用于设备发现的协议，这几个协议目前都是 IETF 的标准草案。FCIP 和 iFCP 的主要驱动都是在 SAN 上的扩展，它使用户能够实现长距离的远程复制，iFCP 和 FCIP 还可以很好地应用在一起。

三、备份管理

网络、计算机、信息系统的深入应用和普及，各档案馆（室）的网络系统内的服务器和网络存储设备担负着关键的应用，存储着重要的信息和数据，为领导及业务部门提供综合信息查询的服务，为业务部门提供数据处理、辅助业务处理和数据存取与访问等功能，为网络环境下档案利用者提供快速高效的信息查询、检索和利用等各项服务。因此，建立可靠的备份系统，保护关键应用及档案数据的安全是信息化应用中的重要任务，在网络、系统发生人为或自然灾难的情况下，保证档案数据不丢失，系统能够得到快速恢复，尽量将损失降到最低，所以，备份也是保障数字档案安全存储的一个重要方法。

一个完整的网络备份方案应包括备份硬件、备份软件、备份数据和备份计划四大部分。

备份硬件通常采用硬盘介质存储、光学介质（光盘和磁光盘 MO）和磁介质（磁带）存储技术。与磁带或磁带机存储技术和光学介质备份相比，硬盘存储所需的费用是比较昂贵的。磁盘存储技术能够提供容错解决方案，但也很难抵御用户的错误和病毒；光学介质备份提供了比较经济的备份存储解决方案，但它们所用的访问时间比较长且容量相对较小，当备份大容量数据时，所需光盘数量大，管理成本增高；磁带具有容量大且可灵活配置、速度相对适中、介质保存长久（存储时间超过 30 年）、成本较低、数据安全性高、可实现无人操作的自动备份等优点，但检索起来不太方便。

备份软件主要分为两大类：一是各个操作系统厂商在软件内附带的，如 NetWare 操作系统的 "Backup" 功能，NT 操作系统的 "NT-Backup" 等；二是各个专业厂商提供的全面的专业备份软件。选择备份软件时，不仅要注重使用方便，自动化程序高，还要有好的扩展性和灵活性。同时，跨平台的网络数据备份软件能满足用户在数据保护、系统恢复和病毒防护方面的支持。一个专业的备份软件配合高性能的备份设备，能够使损坏的系统迅速起死回生。

备份计划是备份工作中的管理功能，是备份策略的具体描述。规定每天的备份以什么方式进行，使用什么介质，对什么数据，在什么时间进行以及系统备份工作的实施细则等。备份方式主要有全备份、增量备份和差分备份。全备份所需时间最长，但恢复时间最短，操作最方便，当系统中数据量不大时，采用全备份最可靠。增量备份和差分备份所需的备份介质和备份时间都会少一些，但是恢复起来要比全备份麻烦一些。用户根据自身业务对备份窗口和灾难恢复的要求，应该进行不同的选择，以得到更好的效果。

备份数据是备份工作的内涵所在，按照备份计划将网络系统中有用的数据、程序、文件等备份到预先选择的存储介质中，以保证数据意外丢失时能尽快恢复，将用户的损失降到最低点。

这里，需要重点指出的是，灾难备份与恢复是档案信息化中应采用的重要措施，这是由档案的不可再生性及其原始特殊性所决定的。灾难备份与灾难恢复措施在备份工作中占有相当重要的地位，它关系到系统、软件与数据在经历灾难后能否快速、准确地恢复。灾难主要包括地震、火灾、水灾等自然灾难，以及战争、恐怖袭击、网络攻击、设备系统故障和人为破坏等无法预料的突发事件。尤其在网络病毒传播速度非常快的今天，如果没有一定的应急响应能力，突发事件将给社会带来灾难性的后果。加强灾难备份，建立应急响应措施，就可以做到减少灾难所带来的社会成本和压力。在信息化环境下，灾难备份是应对突发事件、保护信息相应的防范。尽管灾难备份建设是一项比较复杂、周密细致的系统工程，涉及到灾难备份中心选点、灾难备份中心建设、机房建设、基础设施建设等内容，同时还涉及到灾难备份系统建设、专业运营队伍建设、灾难备份中心运营管理体制建设和灾难备份中心运营管理等工作，不仅需要投入大量人力、物力和财力，还需要考虑灾难备份系统的实施所面临的技术难度以及经验不足所带来的风险，而且需要考虑长期运营管理方面的资金投入。作为 21 世纪的档案工作者，在开展档案信息化建设之初，就必须引起足够的重视。

第六节　数字档案的安全性保障

从古至今，人类一刻也没有停止过思考和采取各种方法与手段来保障档案的安全，维护档案的历史性和真实性，保护档案的真实、完整与有效。对于传统载体的档案，人们已经探索了上千年，已经逐步形成了保护档案安全、维护档案真实原貌以及档案永久保存的各种技术、手段和方法，如档案馆公共环境的安全保卫制度、档案馆库房的恒温恒湿措施、纸质档案的技术保护、档案的缩微处理等各种有效措施和手段。自 20 世纪 90 年代以来，电子文件归档、馆藏档案数字化都逐渐形成了各种数字形式的档案，由于数字档案的网络化、计算机化和数字载体存储方式的多样化，又对档案的安全保障提出了新的要求，传统的安全保障方法主要适合于存放在档案馆的实体档案，难以满足网络环境下的数字档案的安全保障要求。基于这样的需求和业务发展的需要，人类正在不断地探求和摸索，寻找既能保护现有馆藏档案的安全，又能确保数字档案安全的整体性解决方案。

一、数字档案安全保障的基本思路和方法

网络、计算机、存储器和信息系统是数字化档案信息生存的基础，也是引发安全问题的风险基地。黑客攻击、病毒蔓延、信息窃取、技术落后、制度不健全、管理不规范、措施不到位、治理不及时是产生不安全因素的根源，其中有客观的因素，也有主观的原因。因此，加强对客观侵害行为的防范、对主管漏洞的治理、对安全事故的补救是保障网络畅通、系统稳定、数据安全的重要措施。只有网络和系统安全了，制度规范健全了，组织团队落实了，数字化档案信息的安全才能得以保障。

（一）建立技术保障体系，提高网络与系统的安全性

档案信息的安全需要从网络、系统、应用、数据等多个层面来分析问题，并提出解决问题的策略、方法和措施。

1. 保障网络安全

启用入侵检测和访问控制的联动服务。网络安全主要包含两层含义，一是基础设施、网络与计算机设备等硬件设备的无故障运行，其安全性关键在于要购买优质的硬件设备并在运行过程中加强管理和维护，确保科学使用，这一点只能靠机构中的人和制度来保障；二是保障合法用户的正常使用，确保网络上信息资源不被非法用户盗窃、更改。防火墙和入侵检测技术是常用的保障网络安全的两种手段，入侵检测技术侧重于监测、监控和预警，而防火墙则在内外网之间的访问控制领域具有明显的优势。如今，面对网络攻击手段复杂度的不断提高及融合能力的逐渐加强，在网络层采取安全技术的集成化应用和安全产品的联动启用措施，全面提高网络的综合防范能力，已经成为人们保护全网安全的重要举措。

2. 保障系统安全

加强升级服务，做到无漏洞运行。几乎所有的操作系统及其提供的应用与服务均已发现有安全漏洞，并且越流行的，其安全问题越多。目前各操作系统的开发商已经开设了专业通道，提供升级服务的补丁程序下载、安装和检测服务，而且大多是免费的。因此，能否做到系统的无漏洞运行，关键在于人们是否使用正版软件，增强安全意识，并做到及时升级，及时打补丁。对操作系统的安全，除了不断地增加安全补丁外，还需要时常检查系统的各项设置，如敏感数据的存放方式、访问控制机制、密码更新的频度等基础性策略，并充分利用操作系统提供的强大功能，首先建立基于本机操作系统的安全防御与监控系统，保障各客户端的无漏洞运行。

3. 保障档案信息系统的安全

采取防偷窃及基于生物识别的强身份认证措施。档案管理信息系统是特定的应用程序，它的安全主要取决于：是否是合法的用户在合法的权限范围内执行了合法的操作，做好系统用户的安全管理，不给偷窃者以机会。目前，保障合法用户的做法是采取强身份认证、加密和防密码偷窃等技术，如指纹识别、虹膜认证等，都是确保用户身份的高安全性技术措施，生物识别技术已经广泛应用于硬盘加密、数据加密、身份验证等环节。而对于合法用户越权操作与非法操作的情况，主要取决于内部安全管理制度和措施的有效性实施与落实。

4. 保障档案数据的安全

实行隔离、加密、灾难备份等措施。安全管理的最终目的就是保障网络上传输的、系

统中存储的、用户访问到的档案数据和信息是真实、完整和有效的，并保障系统操作者能够方便地访问自身权限范围内的数据，杜绝无权用户进入系统。因此，数据加密、硬盘加密、文件系统加密、增加系统存储的复杂性等都成为保障数据安全的有效措施。对于保密和绝密的数据应采取物理隔离，不允许上网操作。而异地备份则是避免地震、火灾等的重要防范措施，更是确保档案信息安全必不可少的重要备份措施，任何档案保管机构都应建立灾难备份系统。

5.病毒防范

建立网络化的病毒防范体系，实现病毒库的同步升级。几乎有网络和计算机存在的地方，都会有病毒。谈毒色变的主要原因是不了解病毒的工作原理，病毒泛滥的主要原因是病毒库不及时升级。因此，每台计算机上都应安装防病毒软件系统，并及时更新病毒库。而对于网络环境下的一个组织而言，病毒杀不尽的原因则是网络上至少有一台机器有病毒，并在网上扩散传播，因此，购买网络版的防病毒软件，建立网络化的病毒防范体系，实现病毒库的统一管理，同步升级，是防范病毒侵害数字化档案信息的有效措施之一。同时，加强对病毒知识的学习，提高机构中每位员工的主动防范意识和警惕性也是非常重要的保障措施。

然而，各种技术保障措施固然可以为网络、计算机、存储设备、系统服务、应用程序等软硬件系统建立"硬件"防护体系，但要使它们真正起作用，还需要管理制度这样的"软件"防护体系与之协同工作，其中，人是最关键的因素之一。正像木桶原理所阐述的道理一样，网络及信息的整体安全取决于包括操作人员在内的整个网络系统环境中安全性最薄弱的环节，也就是说，如果网络中有一个人不按规范操作、有一台机器留有漏洞、有一个应用程序感染病毒、有一个端口留有后门，都有可能造成整个网络的彻底瘫痪。因此，需要建立健全的安全管理制度和一体化的管理方案，并将措施落实到组织中的每个人、每件设备、每台机器、每个应用、每个服务，才能确保网络、系统和数据的安全。

（二）建立制度保障体系，实现档案安全管理的程序化

保障网络、系统和档案信息安全的永久性措施应该是建立程序化、制度化管理模式并严格执行、落实到位。这同样需要在网络层、系统层、数据层和应用层分别制定相应的政策与规范，并采取必要的措施强化落实，做到制度正确，落实见效。

1.网络、机房、服务器管理规范

主要包括制定保障网络线路、通信设备、交换机、服务器、主机房内和网络，支持档案管理机构内部档案信息系统运行的网络基础设施的防火防盗管理制度，以及保障该机构

局域网内部用户访问内部档案信息资源和访问互联网的操作规范，制定本项操作规范的依据是业务部门的实际需求，制定规范的决策者是 CIO，执行者是 NA 和 SA 两个重要的角色，任何用户只是按照被分配的权限进行操作，不能越位执行。

2. 数字档案信息安全存储管理规范

根据档案信息的安全级别和保密程度的不同，需要分门别类地制定不同的管理规范，确定不同的存储方案。密级档案信息应实行物理隔离，专人操作，必要情况下对硬盘采取强安全加密措施。内部处理的档案业务数据在开展网络化共享与维护的过程中，严格区分用户的访问权限，对外开放的数据重点制定防范数据被篡改的策略和方法。制定本项操作规范的依据是档案法及机构规定的档案管理制度。

3. 个人 PC 和客户端的安全操作规范

客户端的安全操作规范主要是指客户端的上网制度、客户端的安全配置规范、客户端应用系统的安装、运行和维护方法、客户端及个人用户在使用档案管理信息系统时的操作规范等方面的要求，这将涉及到组织中每一位员工，任何人都不能轻视。制定该项制度的依据是整个档案业务管理机构全网安全和信息安全的总体要求。

4. 数字档案应用系统的安全操作规范

电子文件归档系统、馆藏档案数字化系统、档案信息发布与提供利用的网站系统等应用程序是我们访问数字档案信息的重要工具。建立有效的操作规范，确定科学的数据转换与图像处理的技术参数，采取数据加密措施，实施严格的权限管理制度，是制定应用系统安全管理的重要内容。该项制度一旦确定，重要的是需要做到持久执行，并在执行的过程中逐步完善。

（三）建立组织保障体系，促进安全保障的有效性

目前，在我国档案行业，确保网络和档案信息安全的组织保障体系（以下简称为信息管理组织体系）与行政管理和实际业务管理过程中的组织体系（以下简称业务管理组织体系）往往是不同的，其主要区别在于，信息管理组织体系中的成员几乎不参与决策，更无权支配和调配信息化项目的资金和团队成员，日常工作中扮演的几乎都是"救火队"的角色。主要原因是，业务管理和信息化应用没有真正融为一体，两者之间隔着观念和认识上的鸿沟。事实上，理想的管理模式是二者合一，要求机构的领导是既懂业务又熟悉信息化应用的现代化管理人才，要求档案业务工作者也是掌握多项技能的复合型人才，要求机构中的每位员工把信息化和档案业务作为同等重要的基础性工作来开展。

信息管理组织体系中有四个重要角色，一是主持信息化建设和应用实施的项目负责

人，信息资源管理的决策者 Chief Information Officer（CIO）；二是确保网络安全运行的网络管理员 Network Administrator（NA）；三是确保系统和数据安全的系统管理员 System Administrator（SA）。NA、SA 和 CIO 是整个信息安全保障体系建设的决策成员，而借助于网络、计算机开展工作的业务人员则是信息系统中的用户 User，用户的上网和访问系统与数据的权限是由 NA 和 SA 根据档案管理业务的实际需要和网络安全管理的制度进行分配的，不经允许是不能越权操作的。

信息管理组织体系中一个重要的管理理念是任何角色都不能越位操作，即便是 CIO、SA 或 NA 也不能不顾制度约束而随意更改业务数据。制定系统内每个用户操作权限的依据必须是业务组织体系中岗位职能的正确、合理和有效的对应与体现。

（四）建立安全监控体系，落实安全保障的有效性

档案信息安全运行的法规、制度、标准与规范将随着信息系统的建设和运行逐渐得到发展和完善，但档案信息系统和档案信息是否能够真正获得安全保障，关键还在于这些安全法规和标准制度是否能够得到有效的执行和应用。因此，在健全网络安全法律法规的同时，还应加大执法力度，加强运行管理与监督控制的力度，为网络与系统的安全运行提供法律保障和运行保障的长效机制。这一目标的实现不仅需要档案管理部门及所有人员付出努力，更需要国家立法机构的支持，还需要建设、使用和维护档案管理信息系统安全运行的所有参与者不断加强安全意识，执行安全制度，随需求改变和完善安全管理策略确保系统运行和档案信息存储的持续安全。

安全审计、安全监控等都是网络与系统安全运行的监控手段和方法。安全审计和监控的对象主要是网络、服务器和计算机系统的环境安全、实体安全、机房设备的防电磁泄漏、软件安全技术、软件加密技术、操作系统的安全管理、数据库的安全与加密、数据传输的安全与加密、局域网安全控制、计算机病毒的诊断与消除、系统的运行安全，以及整个系统的安全解决方案和安全评估等，都属于将纳入安全审计和安全监控的范围。

安全监控的具体措施包括：各级保密工作部门和机构负责本地区、本部门网上信息的保密检查，发现问题，及时处理；涉密信息网络必须与公共信息网实行物理隔离；在与公共信息网相连的信息设备上不得存储、处理和传递国家秘密信息；加强对使用人员的监督与管理，明确责任，确保在公共信息网上不发生泄露国家秘密的事件。

随着信息安全的专业化发展和复杂程度的提高，保障信息安全的技术与方法难度也在逐渐加大，同时，由于信息安全是个动态的、发展的过程，不可能一步到位。因此，基于成本考虑和技术先进性考虑，信息安全外包成为一种趋势，信息安全服务是信息安全外包

的一项最重要内容，也逐渐被市场所接受。信息安全服务提供包含从高端的全面安全体系到细节的技术解决措施，安全服务分层次和内容进行开展，主要包括信息安全咨询和信息安全策略服务、安全监控和安全审计服务、安全响应和安全产品支持服务等。

因此，安全监控体系的建设，首先，应根据各单位执行安全审计和安全监控的能力，选择是否采取专业化服务来开展；其次，是要确定安全监控的层次和内容；最后，要选择合适的安全监控服务的专业机构或团队来确保安全监控体系的建设与执行。

二、基于电子签名保障电子文件归档的安全

《中华人民共和国电子签名法》赋予电子文件及电子签名以法律效力，设立并规范具有安全保障系数的电子认证机构与服务制度，保障电子文件在通信及各种处理活动中能被安全使用，防止了电子文件在传输过程中被他人篡改增删等违背当事人意愿的行为，避免了电子文件发送者不承认或随意修改文件、逃避应当履行法律义务的行为。应该说，法律效力的保障使电子文件网上活动的安全性增强了，双方开展工作的信任度也增强了。

拥有合法电子签名的电子文件原件归档后将形成真正的电子档案。合法有效的电子文件移交到档案馆可以采取介质归档，也可以采取网上归档。具体实现过程包括：电子文件内容的真实性和完整性的确认，归档单位和归档责任者身份认证，归档单位对电子文件执行电子签名，档案馆接收人对电子签名的验证和对电子文件可读性的确认。

电子文件网络化归档的工作流程，整个系统工作的必要条件是归档单位具有第三方认证的电子印章，归档单位和档案馆需要建立能够阅读带有电子签名的电子文件原件内容的管理信息系统，即建立归档文件中心和电子档案中心两个信息系统（归档文件中心与现行业务系统的数据备份系统保持同步工作），电子文件一旦被修改，系统能够识别，而且会将其视为无效文档，并通过各种技术手段保障经过电子签名后电子文件的安全、完整和可读。

（一）电子文件原件及其完整性确认

档案形成单位所采用的现行业务管理信息系统是电子文件原件及其元数据信息的发源地，系统的安全可靠是确保电子文件真实性的根本依据，档案工作者应按照档案接收和保管工作的要求，在该系统建设之前提出具体的保障电子文件真实性需求，并提前开展档案的指导工作。特别是应在电子文件即将结束现行期使命之前，提示各单位做好备份和归档准备等各项工作。更为重要的是，应将拥有电子签名的电子文件最终文稿及时地转存到

归档文件中心，以便及时开展归档工作。

（二）归档单位及归档责任者身份认证

系统中包括单位和个人双重身份认证内容。归档单位的身份确认是通过《中华人民共和国电子签名法》中规定的具有权威性、可信任性和公证性的电子认证服务机构提供（简称CA服务机构)并签发的电子印章和证书,进行身份认证的方式分为单向认证和双向认证。电子文件归档采用单向认证方式,实现档案馆对归档单位网上传输的电子文件的合法身份认证。这时档案馆需要从CA服务机构的目录服务器中查询索引,获得证书之后,首先用CA的根证书公钥验证该证书的签名,验证通过说明该证书是第三方CA签发的有效证书,然后检查证书的有效期、检查该证书是否失效或进入黑名单等,从而确定归档单位的身份有效性。关于归档责任者的身份认证也可以采取上述方法,但一般只需要在信息系统中采取像指纹、密码等有效措施就可以得以保障。

（三）电子签名的实现

归档单位在登记注册合法的电子签名后，拥有CA服务机构发放的签名证书的私钥及其验证公钥。实现签名的过程是：首先确认需要归档的电子文件，然后用哈希算法对电子文件做数字摘要,再对数字摘要用签名私钥做非对称加密,即做数字签名,最后将以上的签名和电子文件原文以及签名证书的公钥加在一起进行封装,形成签名结果发送给接收方,等待接收方验证。

（四）电子签名的验证

档案馆接收到数字签名的结果，其中包括数字签名、电子原文和发方公钥。进行签名验证,首先用归档单位发送过来的公钥解密数字签名,导出数字摘要,并对电子文件原文做同样的哈希算法,获得一个新的数字摘要,将两个摘要的哈希值进行结果比较,结果相同则签名得到验证,否则签名无效。这就做到了《中华人民共和国电子签名法》中所要求的对签名不能改动、对签署的内容和形式也不能改动的要求。

（五）签名电子文件的可读性保障

归档单位归档时发送给档案馆的和档案馆接收到的都是经过签名的电子文件，经过合法性和完整验证后，电子文件就成为电子档案并由档案馆进行管理，提供对外服务与利用。这就要求档案馆建立的电子档案管理信息系统不仅安全可靠，而且能够阅读和浏览签名的电子文件。目前这一技术已经由很多单位实现，并做成插件形式，可以嵌入到档案管理信息系统中，必要时可以打印出带有印章的档案文件，作为凭证依据。当前市场上流行的模拟纸质文书的数字纸张就是非常典型的应用案例。

电子文件归档过程可以看作是对传统纸质档案的电子化模拟与流程化规范的过程，所不同的是从对文件的收集、整理、鉴定、移交、接收到管理的全过程都采用了网络、信息系统、数字签章和身份认证的电子化与自动化操作模式。

这种方式，一方面，使电子文件归档过程变得简单、快捷、自动化程度高；另一方面，使人们对电子档案原始文件的管理与管理档案目录数据的信息系统实现了同步管理，最大限度地减少了人工的干预，提高了归档工作的效率，更重要的是，也大大增强了归档过程的规范性和安全性。至于网络和信息系统带来的安全风险，是能够通过采取各种现代技术手段得到控制和加强的。事实上，有权威机构统计，70%的信息安全事件来自于管理上的漏洞，应该说采用自动化手段执法比靠人工执法的安全性要高。因此，作为新时期的档案工作者，应该顺应历史的潮流，改变传统的观念，大胆地接收真实、合法、完整、有效的电子文件，做到对历史负责、为现实服务、替未来着想。

三、数字化档案信息安全保障的总体结构

"坚持积极防御、综合防范的方针，全面提高信息安全防护能力，重点保障基础信息网络和重要信息系统的安全，创建安全健康的网络环境，保障和促进信息化发展，保护公众利益，维护国家安全"是国家对信息安全保障工作的总体要求，也是架构数字档案信息安全保障体系的总体指导思想。各档案管理部门应在遵守公共安全、信息安全、计算机安全等法律法规制度的前提下，首先，建立保障数字化档案信息安全运行的组织体系，制定安全管理的规章制度，加强教育和培训，提高所有人员的安全意识，规范操作过程，坚持全员思想上的同步安全原则，开展科学的档案管理工作，杜绝由于人为因素而引发安全事件；其次，根据档案数据、业务流程以及内部网络设备的使用特点，建设各个层次的技术保障措施，设定和执行网络边界区域防火墙、入侵检测、网络管理系统等安全策略，加强内外网络之间访问权限的控制与管理，对内部网络中的计算机和服务器，加强操作系统和应用程序的修补与更新，强化应用程序的安全，合理分配各用户的操作权限，根据需要对存储系统与档案数据采取必要的加密措施等一系列的技术保障措施；最后，在运行环节上加强管理和控制，在内部网络所有层次上落实安全管理制度，实施保障安全运行的有效措施，对保密档案数据实行物理隔离措施，对在线运行系统的档案数据采取异地备份、介质备份等措施，对于开放的档案数据提高防篡改的能力，对当前业务流程中正在处理的数据加强真实性、完整性和有效性的控制。

总之，在数字化档案信息的综合管理过程中，我们需要采用这种多维的分层管理与控制体系，建立保护全网安全的防护体系，加强内部管理，提高安全意识，采取各种措施和手段加强防范，增强攻击者被检测到的风险，降低攻击者的成功率，从而在网络安全、系统安全、应用安全的基础上保障数字化档案信息的安全。

第七节　人事档案的信息化管理模式

随着国家干部人事制度改革的深入，对人事档案的利用方式和档案信息资源的开发使用也提出了更高的要求。传统以纸质载体为主的档案管理方式由于存在材料碎片化、整理手工化、管理离散化、评价事后化等缺点，人事档案的完整性、科学性、安全性、适用性水平亟待提升。

近年来，信息技术开始陆续在人事档案管理工作中进行应用，人事档案信息化建设不断加快，这不仅是人事档案管理发展的必然趋势，而且能够更好地将人事档案在人事工作中的重要作用发挥出来，为人事档案的健康发展起到积极的促进作用。

运用现代化信息技术，基于信息化战略规划和人事档案信息化总体要求，将人事档案管理技术与信息化技术有效地结合起来，面向人事档案工作的全过程，规划、设计和建设一个人事档案信息系统，支持人事档案全过程业务工作自动化开展，支持人事档案信息的网络化（分权限）查询利用服务。这将为各单位人事档案信息管理提供可靠的保证，有效提升人事档案管理现代化的水平，使人事档案工作不断改进服务方式提高效率，促进人事档案管理体制的改革。

一、人事档案信息化建设的重要意义

（一）人事档案信息化的必要性

1. 人事档案是直接反映人事情况的真实依据和重要载体

随着企业内外部环境的剧烈变化，人员流动性增大，造成档案内容变化多、档案调转速度快，直接冲击着传统的人事档案管理模式。长期以来，档案一直采用纸质载体进行保管，而且档案的收集、整理和利用也都是手工方式，使档案管理人员不仅工作量较大，而且工作效率很难提高。

2.信息化管理有利于人事档案管理效率的提高

通过信息化技术在人事档案管理中的有效应用，只需要将个人档案信息数据录入到计算机系统中，就可以反复对其进行查阅和使用，利用计算机管理系统可以自动对档案信息进行分类、提取和加工，不仅可以提高工作效率，而且数字档案更易于保存和查询，有效地提升档案的利用率，同时档案管理成本也得以降低。

3.现代化的人事档案管理，要求人事档案管理体系实现流程合理、闭环管理、在线控制、动态监管

现代化人事档案管理要求我们不断变革人事档案管理模式，真实、准确、有效、及时地提供人事基础资料。信息化发展已成为当前社会发展的必然要求，人事档案信息化管理也成为人事档案管理的必然趋势，从档案管理的改革工作中我们也不难看出，信息化发展已然成为档案管理改革的总方向。在当前人事档案管理工作中，充分地利用计算机技术和网络技术，更好地运用现代科技新成果和管理新手段，通过对人事档案各类信息进行编辑、管理、存储和检索，提供更准确、更方便的人事档案信息利用，加快推动档案信息资源共享步伐。

（二）人事档案信息化管理的途径分析

1.提高人事档案管理的信息化意识

在信息化时代背景下，人们对信息的需求量不断增加，作为档案管理人员，需要努力提高自身的信息化意识，更好地推动档案信息化建设。特别是在当前人事档案管理工作中还存在着手工管理的方式，这就需要加快向数字管理进行转变，确保人事档案接收、传递、存储和利用实现一体化，确保实现人事档案信息共享。在当前人事档案信息化建设过程中，电子档案作为人事档案信息和资源建设的重要内容，通过加快档案信息化建设，可以更好地使人事档案为人事管理工作提供更优质的服务；利用科学、先进的人事档案管理模式，能够实现人事档案管理的高效化，确保人事档案管理质量的提升。而且信息化技术在人事档案管理工作中进行应用时，不仅提高了档案查阅的效率，档案内容也得以更加丰富，实现了人事档案的无纸化阅档。

2.加快人事档案数据库建设

人事档案信息数据库虽然在信息的查询、检索、统计及名册和表格的快速生成方面具有较大的优势，但在对干部进行提拔及考察时，需要对其政历、组织鉴定和考核材料等内容进行查阅，这是人事档案信息数据库无法提供的。所以需要建设全文数据库，有效提高人事档案利用效率。为深化人事档案信息资源的开发利用，提高人事档案利用效率，满足

使用者的需求，保护实体档案，全文数据库的建设就显得尤为重要。需要建立一个全文数据库，使用者通过屏幕就可以方便地查阅并按要求摘录打印。建成技术先进、功能完善的人事档案信息服务网络，以实现单位内部管理部门、单位之间以及上级主管部门对全国人事档案信息资源的共享。

3. 加强人事档案信息动态化管理

人事档案管理不能再拘泥于传统模式，可以不断充实本人的一些个性资源，使档案材料和信息得以不断的充实和完善。同时现在人员流动性较大，需要加快人事档案信息的更新速度，使之与人员流转的速度相协调，从而实现人事档案信息的动态化管理，完成人事档案信息电子档案建立，使现代化手段在人事档案信息动态化管理过程中得以有效建立，从而提高人事档案的使用价值。

4. 加强网络建设

在当前人事档案管理工作中，需要构建完善的人事档案网络管理体系，各单位人事档案可以通过局域网进行连接，确保实现干部档案网络化管理。而且人事档案网络管理体系构建以后有利于提升人事档案管理效率，为人事档案管理现代化的实现起到积极的推动作用。另外，为了能够实现人事档案管理现代化，需要设置人事管理信息中心，从而做好人事信息化管理技术支持工作，为人事档案数字化管理顺利开展奠定基础。

二、人事档案信息化项目管理要点

（一）人事档案管理信息系统平台管理要求

1. 人事档案的收集、归档、整理、保管、利用、转出等业务工作实行网络化运行

要求档案数据集中存储，应用程序采用 B/S 运行模式，客户端不需要安装任何插件。系统的运行基于人事档案工作业务流程，实现业务与信息的自动化处理与运行。

2. 系统中的人事档案信息资源

包括人事档案案卷、卷内文件的目录信息和电子全文信息。系统设备资源包括数据库管理系统及服务器、存储器等软硬件资源。

3. 系统用户分权限设置

使用系统的每个用户都拥有特定的功能权限和数据访问权限（根据岗位设定），功能权限的设置要求细化到功能组件级。数据权限的设置要求细化到目录（行与列的权限）和全文（修改、浏览、下载、打印等）。

4. 做好系统备份、数据备份，确保系统的不间断运行（至少在工作时间内）

档案数据要求做到物理归档，因此需要与其他业务系统的数据实行物理访问和存储的隔离。支持人事档案工作的"双套制"运行需求，系统支持纸质档案和电子文件同步归档和一体化管理。

5. 支持档案管理过程中产生的工作过程信息管理功能

将每个工作流程及其前后衔接过程中产生的工作过程信息进行记录并加以管理。能够做到执行过程中任务可监控、数据处理的当前节点可查询、任务完成后责任可追溯。每个功能模块包含增加（导入）数据、修改、删除、查询、打印、统计、导出文件等基本功能组件，并能够通过对这些功能组件进行装配，灵活部署系统的功能模型。

6. 方便系统运行维护的功能需求

方便系统运行维护的功能包括用户管理、单位信息管理、数据字典管理、系统日志管理、数据备份、数据同步、系统帮助等模块。系统数据库信息和电子文件信息由人事档案管理单位信息中心实施集中管理和备份。

（二）人事档案数字化项目管理要求

1. 项目实施机构

人事档案信息化可由档案管理单位自行开展或者委托档案服务机构承担，项目实施机构应符合以下条件：

（1）在中华人民共和国境内登记注册的企业或事业法人，且无境外（含港澳台）组织、机构、人员投资；具备市场监管部门核发的有效营业执照，其业务范围中具有数字化加工或者档案扫描项目。

（2）参与档案数字化工作的工作人员为中华人民共和国境内公民，无犯罪记录，与所在档案服务机构签订劳动合同，并通过县级及以上档案、保密行政管理部门组织的培训。

（3）具备与档案数字化工作相适应的信息设备和技术；安全保密管理制度健全，有完善的档案数字化加工组织管理方案、档案和信息安全保密风险防范预案；设有专人负责安全保密工作。

（3）三年来未发生档案安全事故、泄密事件，无非法获取或非法持有档案及档案复制件、国家秘密载体等行为。

2. 项目实施人员

（1）资质要求

①项目实施人员要求为中华人民共和国境内公民，具备过硬的政治素质和较高的思想素质，工作行为规范严谨，熟悉干部人事工作业务知识和计算机操作，文字书写工整，与

在库档案人员无亲属关系。②项目实施机构负责对项目实施人员进行岗前培训，确保实施人员熟练掌握人事档案管理工作法律法规、规范条例，了解人事档案管理信息系统的基础架构，熟练掌握人事档案数字化创建实施工作标准。③档案管理单位负责组织项目实施机构、人员进行上岗考试，考试分为笔试与上机操作两部分，及格线 90 分，考试合格后方可进行工作。

（2）人员配备及职责要求

项目实施机构应配有一个项目经理，图像采集、高清处理、裱糊装订三个业务组长及组员若干，人员配备及职责要求（见表 3-1）。

表 3-1　项目实施机构职责要求

序号	岗位	工作职责及要求	备注
1	项目经理	负责项目的总体沟通协调工作，带领项目组完成项目任务	
2	业务组长	负责实施现场的沟通协调工作，带领组员完成项目任务	
3	组员	根据项目经理、组长安排开展具体项目实施工作	

（3）管理方式

①项目实施人员应遵循人事档案管理单位的各项规章制度，并签订保密承诺书。②项目实施人员按照人事档案项目管控组的要求，开展项目实施工作。③项目实施人员由项目实施机构统一管理，日常考勤、考核由人事档案管理单位负责并定期向实施机构反馈，实施机构根据人事档案管理单位提供的情况对相关人员进行奖惩。④人事档案管理单位提出更换实施人员的要求，项目实施机构应按要求的日期调换到位。⑤项目实施机构未经人事档案管理单位同意不得随意更换项目实施人员，如需要更换，提前 30 个工作日提出申请，经人事档案管理单位同意后，经过至少 10 个工作日的工作交接并经人事档案管理单位确认后，方可进行人员更换。⑥人事档案管理单位建立项目实施周会制度，项目实施机构项目经理按照档案管理单位要求，每周做好工作总结、项目进展和状态报告，参加周会并做好会议记录。⑦现场工作人员要求统一着装，保持良好精神风貌。

3. 人事档案信息化流程管理

①档案数字化组织实施部门、单位和档案服务机构应明确责任，规范管理档案。档案出入库必须仔细清点，完备登记和办理交接手续。

②按卷（批）建立档案数字化处理单，在数字化加工流程中与档案实体同步流转，每个档案交接环节均清点签字。

③发现档案原件错、缺、污、损等情况的，要及时与档案服务机构管理人员共同审核，并登记、签字确认。

④档案应由专人负责在专用档案装具中保管，严禁随地堆放，使用完毕及时归还入库。

⑤档案服务机构和工作人员严禁私自复制、留存、转让、转借或出售档案数据，不得泄露档案信息。

⑥档案数字化工作人员应遵守档案数字化操作规范，防止损毁档案。

⑦档案数字化组织实施部门、单位和档案服务机构应由专人负责档案数字化数据管理，采取可靠措施安全保管，交接应办理手续；档案数据移交前应进行验收检查，确保与档案原件一致，符合质量要求，无病毒和木马，可读、有效；移交后应及时登记入库，不得私自保管。

⑧档案数字化组织实施部门、单位应科学管理档案数据，并采用异质、异地备份等方式，确保档案数据完整、安全和长期可用。

4. 人事档案数字化安全注意事项

第一，数字化人事档案数据传输应使用秘密级网络。数字化人事档案服务器应符合以下要求：①服务器应放置在专网机房或安装有防盗门窗的专用机房内，并与互联网物理隔离。②对数字化人事档案服务器设置开机密码，密码长度不得少于 8 个字符，密码具有一定的复杂性，密码更换周期不得长于一个月。③数字化人事档案服务器须安装杀毒软件，并及时升级，确保每天进行病毒的检测和清除。服务器中存有数字化干部人事档案数据的文件夹不得设置为共享。

第二，数字化人事档案阅档室查询用计算机只保留查询功能，不得设置任何 USB、软驱等数据输出接口。

第三，档案管理员对数字化人事档案日常管理及信息采集系统设置口令，不得告知他人共享使用。档案信息采集结束后，及时将信息采集所用计算机上的档案图片删除。

第四，存储数字化人事档案数据的移动存储介质应严格按照以下要求使用：①存储数字化人事档案数据的硬盘、光盘、存储卡等移动存储介质须逐一登记造册，严格按照涉密介质的有关规定由专人妥善保管，严禁在与互联网连接的计算机上使用，严禁转、借给他人使用。②存有档案信息的移动存储介质须送外部进行维修或做数据恢复时，须到保密主管部门备案后再到指定的具有保密资质的单位处理。③存有档案信息存储介质的销毁须统一登记造册，并经主管领导批准后，方可销毁。

第五，建立数字化人事档案安全保密责任制。各管档单位分管领导为第一责任人，档案管理员为直接责任人。

5. 人事档案信息化设备管理

①档案数字化组织实施部门、单位应对用于档案数字化的信息设备及存储介质进行检查登记，并按相关保密标准和安全规范进行管理。

②用于档案数字化的信息设备及信息系统必须与其他网络物理隔离；禁止安装使用无线网卡、无线键盘、无线鼠标等具有无线互联功能的硬件模块和外围设备；不得使用笔记本电脑、平板电脑等便携信息设备。

③档案数字化组织实施部门、单位应采取措施，对档案数字化设备的输入、输出接口进行封闭处理。需要开启使用时，应经过批准和登记并由各单位安全保密管理人员全程监督。

④用于档案数字化的设备和存储介质严禁与其他用途设备和存储介质交叉使用；非专用设备和存储介质严禁带入场所；设备和存储介质移出场所前，应进行安全保密技术处理，并经各单位安全保密管理人员审批同意后方可移出。

⑤用于档案数字化的设备和存储介质不得擅自外送维修，维修应有专门人员现场监督。无法确保数据可靠清除的设备和存储介质，如打印机、硬盘、移动硬盘、U盘等，严禁外送维修。

⑥用于档案数字化的设备和存储介质，未进行符合国家保密标准的信息和数据清除，不得改做其他用途。报废的应按保密规定进行处理。

⑦移动存储介质和刻录机等数据拷贝设备应指定专人保管，每次使用应经批准和登记，并在保管人员的监督下使用，用后立即归还。

⑧档案服务机构在结束工作任务后，应将自带的硬盘、移动存储介质以及无法确保数据可靠清除的设备移交各单位保管或销毁，严禁擅自带走。

6. 人事档案数字化备份管理

①数字化人事档案数据备份应及时、准确，按照以下时间要求在服务器硬盘、移动存储介质中分别保存 2 ～ 3 个备份。

当天工作结束后，及时检测当天新产生的数据，并在服务器硬盘上备份。每周在服务器硬盘和移动存储介质上对本周数据进行备份，每月对全部数据进行一次总备份。每增加10G的数据，须在光盘上对增加的数据进行备份。

②数据应在解密后再进行备份，备份的数据能正常被计算机识别、运行，并能准确输出。

③存储数字化人事档案数据信息的移动存储介质应按要求由专人妥善保管。移动存储介质上应贴有标签，标签上须注明存储介质的序号、密级、保管期限、存入日期等信息。

④存有数字化人事档案数据的光盘不得擦洗、划刻、触摸盘片裸露处，不得弯曲、挤压、摔打盘片，防止盘片沾染灰尘和污垢，避免阳光直接照射。存放移动存储介质的环境温度为 14 ～ 24℃，相对湿度为 45% ～ 60%。移动存储介质应远离热源、酸碱气体和强磁场。

⑤对存储数字化人事档案数据的移动存储介质每年进行一次检验，发现问题及时采取恢复措施。对光盘等存储介质上的数字化人事档案数据，每 4 年转存一次。原存储介质保留时间不少于 4 年。

（三）数字化人事档案的部分日常管理

1. 数字化人事档案转递

①数字化人事档案转递必须使用单位人事档案管理信息系统或中共中央组织部规定的数字档案转递载体。所属各单位间转递通过人事档案管理信息系统直接转递，向单位系统外单位转递使用数字档案转递载体。

②数字档案转递载体仅作为档案转递使用，不得另做其他用途，严禁接入任何形式的外网终端。数字档案转递载体应通过机要渠道转递或派专人传送，严禁采用普通邮寄方式或交本人自带。

③以人事档案管理信息系统传递为例，制定人事档案数字化质量评分表。人事档案接收单位对接收到的数字档案进行审核，保证纸质档案和数字化档案信息一致，并符合档案管理标准的相关要求。各单位应做好数字化人事档案转递登记，详细记录数字化人事档案转递情况。

2. 数字化人事档案的查阅

①数字化人事档案查阅应严格遵守人事档案查借阅制度，履行查阅审批手续。数字化人事档案建立后，原则上不再提供纸质档案查阅，确实需要查阅纸质档案的，经人事部门主要负责人审批通过后方可查询。

②查阅数字化人事档案应使用内部授权计算机通过单位人事档案管理信息系统提交查阅申请，如实填写查阅人信息并详细填写阅档理由，经人事部门主要负责人审批通过后方可查询。

③查阅人员必须严格遵守保密制度，严禁无关人员查看人事档案内容，严禁使用照相机、摄像机、手机等具有信息记录功能的设备复制人事档案信息，严禁泄露或擅自对外公布人事档案内容。违反保密要求造成档案信息泄密的，按规定对相应责任人进行严肃处理。

④任何人不得查阅本人及与其有夫妻关系、直系血亲、三代以内旁系血亲关系以及近姻亲关系人员的人事档案。

⑤人事档案管理人员应严格审查档案查阅申请，符合查阅管理规定的，须及时提供相关授权；不符合规定的，不得擅自提供相关授权。

⑥对已授权查阅的数字化人事档案，人事档案管理人员要实时监控，达到规定查阅时限，要及时终止查阅授权。查阅流程结束后，要及时复核，发现问题及时报告。各单位应做好数字化人事档案查阅登记，详细记录数字化人事档案查阅情况。

三、人事档案信息化建设实践

（一）前期准备

1. 档案盘点

项目开展前，要做好人事档案数量的统计盘点工作，包括人事档案在库总量，在职、离退休、死亡、副本等各类人事档案在库数量，制订计划实施数字化档案的人事档案清册。

2. 工作场所搭建

项目开展要求在指定的工作场所内进行，场所搭建应符合以下要求：

①工作场所设置在符合安全保密要求的相对独立的区域，原则上不应距离档案库房过远，200m 之内较为适宜。

②场所符合防火、防潮、防蛀、防盗、防光、防高温等安全管理要求。

③场所内配备安全可靠的档案存放设备，用于档案的临时保管与存放。

④场所内应划定人员休息区，并设置存放工作人员私人物品的专用储物柜及饮水台。

⑤场所内配备可覆盖全场的防盗报警、视频监控及消防系统，实施全过程监控，监控视频数据应由组织实施档案数字化单位保存 3 年以上。

⑥进入场所的工作人员严禁携带手机、照相机、摄像机等具备照相摄像功能的设备和各类移动存储介质等信息设备及与工作无关的物品。场所内不得设有能连接互联网的信息接口。未经许可，严禁将场所内的任何物品带离场所。场所内张贴档案数字化管理相关制度、标语口号。

⑦应建立档案数字化工作场所管理制度，核查出入人员身份，严禁无关人员进入场所。场所门外张贴"非工作人员禁止入内"标识。

3. 硬件设备的选取

①扫描仪应选用档案专用零边距扫描仪。

②网络组建。场所内用于档案数字化的信息设备输入、输出接口进行封闭处理，禁止与其他任何网络系统互联，禁止安装使用无线网卡、无线键盘、无线鼠标等各类具有无线

互联功能的硬件模块和无线外围设备。

③档案整理装订需用器具提前准备到位。

④场所内不得配置碎纸机之类材料销毁设备。

（二）创建实施

1. 开发人事档案管理信息系统

开发基于智能检索技术和宽带高速网络技术的软件系统，围绕人事档案信息的整个生命周期，在功能上涵盖信息采集、数字化加工、档案资源管理，建成动态真实、立体高效的人事档案信息系统。系统须具备数据库管理、整理编目、检索查询、安全保密、系统维护等基本功能，并能辅助实体管理及根据用户特殊需求增扩其他相应功能，实现档案从整理审核到借阅转递全过程"无接缝"管理。

2. 人事档案数字化建设

（1）创建流程

人事档案数字化创建基本流程为档案出库（提卷）—扫描预处理—目录建库—图像扫描—图像处理—高清制作—装订回库。

（2）操作步骤

①档案出库。人事档案管理单位应严格出入库管理制度，档案出库、入库均须履行签字手续。

②扫描预处理。扫描开始前，要根据每份材料的实际情况，进行预处理，确保数字化质量：A.破损严重、无法直接扫描的材料，应先进行裱糊修复。B.褶皱不平、影响扫描质量的材料，应先进行压平或烫平等处理后再进行扫描。C.装订在一起，影响扫描工作进行的材料，应先拆除装订，拆除装订物时要保护档案不受损害。如遇到档案纸张质地脆弱，不适合反复拆装订的档案，应采用不拆卷扫描设备和方式进行扫描。D.按照《人事档案审核整理工作规范》，对每份材料进行编码。横向排版的材料，如奖励证书、学位证书复印件等，应先按照文字方向进行编码，扫描完成后，再按照装订方向，改为纵向编码。

③著录建库。A.档案材料著录名称要求遵循档案材料标题文字原貌，并做适当精简。如单位名称可使用规范简称等。B.档案材料无标题的，要仔细阅读材料内容，提炼标题名称著录。C.各类职称、技能鉴定表、优秀人才评定表等应在著录名称体现相应级别，如副高级工程师专业技术资格评定表、高级工职业技能鉴定申请表、公司高级优秀人才评定表等。D.奖励材料的著录名称应体现授予机关和称号内容。E.档案材料为复印件的，应在备注栏标注"复印件"。F.职务变动登记表、工资变动登记表为必须登记的信息。

④图像扫描。A.扫描图像应与材料著录名称相吻合，严禁张冠李戴。B.采用最为可靠的扫描方式，坚决杜绝扫描过程中造成档案材料二次褶皱、撕裂、破损等情况的发生。C.扫描时，应根据纸张质地、底色、薄厚程度等因素，设置最佳的扫描明暗度、对比度，图像太亮则材料字迹模糊不清，图像太暗则高清转换后页面上的杂色较多，确保原始图像扫描与原件吻合。D.扫描过程中，纸张摆放端正，原始图像偏斜度不允许超过5°，以减少后期处理可能带来的图像失真。E.纸张很薄且几页粘在一起的材料，每扫一页都要在材料背面附一张白纸，以防漏光。F.如出现与纸质材料不符的颜色，多为扫描仪脏污，清洁后重新扫描。G.如果文字或表格贴近页面的边缘，在扫描时不要把纸张紧贴扫描仪，这样有利于对图像进行切边处理。H.扫描要求使用24位真彩色模式，扫描精度为300dpi/in。I.档案图像数据存储格式为单页JPG格式。

⑤图像处理。扫描后的原始图像需要遵循档案原貌，进行优化处理，使得成品图像清晰、端正。A.原始图像处理。图像歪斜：对方向不正确的图像应进行旋转还原，以符合阅读习惯；采用自动或手动纠偏功能，调整图像偏斜度，高清成品图像偏斜度不超过1°。裁边：为节省存储空间，要对图像进行裁边处理，在切边时，应遵循档案材料原貌，保留原始纸张比例，上下左右尽量预留与页面内容同等边距；去除多余白边；保留分类号和页码。B.高清图像处理。图像脏点、脏斑：对图像页面中出现的影响图像质量的杂质如黑点、黑线、黑框、黑边等应进行去污处理；字迹洇透：采用字迹锐化的功能，清晰字迹笔画，锐化过程中要注意伽马值的设置，防止去掉字迹的部首和标点符号；图像深浅不一：采用平衡功能，调整图像深浅一致；档案材料为红色、蓝色以及其他颜色称底，或为复印件时，高清图像可直接引用原始图像。

⑥整理装订。档案扫描完成后，应按档案原貌重新装订：A.按照原有孔位装订，不允许重新打孔。B.按照原有材料方向装订，不允许更换方向（如改右装订为左装订）。C.需要折叠的页面，应沿已有折痕进行折叠，不允许重新折叠。

⑦质量要求。A.档案材料著录名称清晰准确，无错字、漏字、多字的情况。B.档案目录、纸质档案、原始图像、高清图像100%正确对应。C.图像页面整洁清晰，并已去除原始图像中的杂点、黑边等。D.高清图像的偏斜角度小于1°，图像偏斜不超过页面内半个文字。E.图像与档案原件一致，字迹清晰、表格端正平直，印章无遗漏、变黑等情况。F.高清图像打印清晰，符合副本制作要求。

⑧质检要求。质检根据项目进展程度分为初期质检和过程跟踪两个环节。项目开展初期，为确保项目实施机构全面知悉、熟练掌握数字化人事档案创建工作标准、步骤、质量要求，人事档案管理单位应要求项目实施机构创建20～50本数字化成品，并进行全面质检，

对于认识不统一、标准不一致等问题进行充分沟通确认，以书面形式记入合同附件；项目实施过程中，多采用抽检的方式进行跟踪质检，抽检合格率低于70%，人事档案管理单位即刻责令项目实施机构停工，查明原因并限期整改。质检结果和处理意见反馈给项目实施机构项目经理。质检内容包括但不限于：A.对图像偏斜度、清晰度、失真度等进行检查。发现不符合图像质量要求时，应重新进行图像处理。B.由于操作不当，造成扫描的图像文件不完整或无法清晰识别时，应重新扫描。C.发现文件漏扫时，应及时补扫并正确插入图像。D.发现扫描图像的排列顺序与档案原件不一致时，应及时进行调整。E.发现错误或不规范、不详细的著录名称、页数和形成时间等，应进行修改。F.发现条目挂接异常，必须分析原因，查找其他可能存在的问题，并及时更正。G.加强对回库档案的检查，一经发现二次褶皱、撕裂、破损等情况，必须立即进行整改，情况严重者须追究项目实施机构相关人员责任。

（三）项目验收

人事档案数字化创建实施项目按照有关技术说明文件及规范的验收资料，按照国家和地方的相关法律、法规、国家标准、行业标准、地方标准进行验收。

1. 验收前提条件

①项目按照合同要求全部完成，并满足使用要求。

②各个分项全部预验收合格。

③各种验收资料完备，符合合同内容。

④经过相关主管部门和人事档案管理单位同意。

⑤合同或合同附件规定的其他验收条件。

2. 分项验收

对纸质档案数字化加工项目分项进行验收，包括档案整理、档案扫描、图像处理、图像存储、目录建库、数据挂接、数据备份等。验收以抽检的方式检查已完成数字化创建的所有档案和数据，抽检的比率不得低于档案和数据总量的60%。

3. 验收指标

以下分项抽检标记为"不合格"：未按数字化加工要求拆装、处理档案，档案破损、页码顺序错误、页数不清、目录不实；扫描档案技术指标错误，扫描、处理图像文件不完整、不清晰、不反映档案原貌以及有缺页、漏页、重页、顺序颠倒等质量问题；图像文件存储格式、命名未按规范要求；目录建库数据格式不符合规范要求，著录项目不全、内容不准确规范，不能与图像数据库批量、快速挂接以及数据挂接错误的；数据备份不当造成数据丢失、错误，成品数据未进行多套备份。

验收抽检的合格率达到 95% 以上（含 95%）时，予以验收"通过"，合格率的计算方法为

合格率＝合格的文件数 / 被抽检文件总数 × 100%

4. 验收程序

（1）预验收

①项目竣工后经测试和试运行合格，项目实施机构根据合同、计划任务书，检查、总结项目完成情况后向人事档案管理单位提出预验收申请。②人事档案管理单位组成预验小组，对项目的各环节进行全面检查。③项目实施机构提供的材料包括预验申请书、完成工作报告、项目总结报告。

（2）验收

①申请：预验收合格后，人事档案管理单位根据合同、招标书、任务书，检查、总结项目组织实施和完成情况后向主管单位提出验收申请，并提交规范的验收方案(验收材料)。

②经过审核，材料齐全，主管单位组织验收。

③验收组成员由人事档案主管部门、业内专家、人事档案管理单位管理人员共同组成。验收时按照相关验收内容及标准进行，验收后提交验收报告。

④验收形式：采用会议与现场测试相结合的形式。

⑤验收步骤：A. 人事档案管理单位做项目工作、试用情况及预验收报告。B. 项目实施机构做关于项目加工、技术、自检（预验）情况及竣工情况的报告。C. 验收组进行现场检查和测试。D. 验收组对项目进行全面评价并给出验收意见。E. 验收组组长宣读验收意见。F. 验收签字，经过验收形成验收报告，验收组成员签字，并提交主管单位人事档案主管部门和人事档案管理单位存档。

5. 验收结论

验收结论分为验收合格、需要复议和验收不合格三种。

第一，符合纸质档案数字化加工标准规范、目录数据库与全文数据库正常挂接、任务按期保质完成、经费使用合理的，视为验收合格。

第二，由于提供材料不详，或目标任务完成不足 80%，而又难以确定其原因等导致验收结论争议较大的，视为需要复议。

第三，项目凡具有下列情况之一的，按验收不合格处理：①未按项目考核指标或合同要求达到所预定的主要技术指标的；②所提供的验收材料不齐全或不真实的；③项目实施过程中出现重大问题，尚未解决和做出说明，或实施过程及结果等存在纠纷尚未解决的；④没有对数据、相关系统或设备进行试运行，或者试运行不合格的；⑤违反法律、法规及

相关标准规范的其他行为。

6. 验收结论的处理

①验收结论为合格的，人事档案管理单位将全部验收材料统一装订成册并连同相应的电子文档，报主管单位人事档案主管部门备案。

②验收结论为需要复议的，人事档案管理单位和项目实施机构在一个月内补充有关材料或者进行相关说明。

③验收结论为不合格的，人事档案管理单位和项目实施机构限期整改，整改后试运行合格的，人事档案管理单位重新申请验收。

7. 项目交接

项目竣工验收合格后，办理项目交接手续。

第四章　现代人事档案数字化与数据库建设

第一节　人事档案数字化

人事档案数字化建设是档案信息化的一个重要组成部分，是人事档案信息化建设的前期准备工作，也可看作是人事档案信息化的基础工作，它为下一步人事档案数据库的建设、网络环境下人事档案信息的利用与资源共享奠定资源基础。

一、什么是人事档案的数字化

人事档案数字化就是利用计算机技术和相应的设备，将各种传统介质的人事档案信息通过计算机技术转换为数字化的、可以被计算机识别的数字信息，组织加工整合成各种数据库形式进行存储，然后通过网络和信息系统提供快捷方便的人事档案信息服务，从而提高人事档案的利用效率和人事工作的管理效率。人事档案数字化的实现，必须有相应的系统软件及管理软件，必要的输入设备和需要转化成为数字的人事档案。传统介质的人事档案只有完成数字化加工后，才能以数字信息的形式通过档案信息网站等服务平台向相关部门提供高效快捷的服务，从而真正实现档案信息资源共享。

人事档案资源的数字化建设主要有两种方式：一是通过人事档案管理系统直接接收人事部门移交的人事档案数据；二是通过对传统的纸质、照片、录音、录像、缩微品等人事档案进行扫描、图像处理，转变为文本、图像、图形等数字格式的信息，加工成各种类型的数据库，以便下一步利用计算机及信息系统提供人事档案信息的检索和利用。

二、人事档案数字化的基本要求

人事档案数字化建设是人事档案信息化建设的基础，因此，应站在全局的高度来对人事档案数字化提出要求。从某种意义上而言，人事档案的数字化和信息化建设，既是一种理念，也是一种应用，它涉及对先进技术设备的使用培训，多种技术的综合应用，人事档案管理系统对数字化的标准要求，人事档案管理部门在组织、规划、实施等过程中对整个信息化建设的认识程度和把握尺度等多个层面的问题。人事档案数字化工作的开展要遵循以下基本要求：

（一）科学合理规划

由于人事档案数量繁多、内容复杂、记录形式多样、载体形态迥异，以及人事档案管理系统对数字化的规范性要求，实现人事档案的数字化工作绝不是一朝一夕所能完成，因此，必须对数字化工程进行整体规划，从数字化目标、组织领导、资金预算、项目操作方式、人员分工安排、数字化对象与范围的选择、数字化设备的选择、数字化技术标准的制定、技术支持、计划进度等方面都要逐一研究确定。数字化建设必须未雨绸缪，一旦真正实施，就很难再做变动，如果准备得不够充分和科学，将直接影响人事档案工作的信息化建设进程。

（二）质量优化

质量优化是人事档案数字化的根本要求。它包括两方面的内容，一方面是人事档案数字化对象的质量要求；另一方面是人事档案数字化的技术质量要求。人事档案数字化对象的质量要求，是指录入或扫描的信息要与原件内容保持一致，准确无误，全面系统。对于重要的人物档案信息，可有选择地录入全文信息，对于破损的但利用率较高的人事档案，可考虑优先进行数字化处理。人事档案数字化的技术质量要求是指人事档案的数字化要遵循相关的国家标准和行业标准以及技术标准，采用先进的数字扫描和识字迁移技术，保证数字化后的人事档案数据真实完整，图像不发生变形，数据易于管理保存，信息检索快捷方便。数字化是档案信息化的前提，而标准化又是实现档案数字化的前提。

（三）安全保密

目前，档案的数字化一般有两种模式：一种是自行开发录入，另一种是项目外包。由于人事档案的保密性要求较一般档案高，因此，在人事档案安全性不能保障的前提下，不建议人事档案数字化采取外包加工的形式，如果在能够保障人事档案的保密安全要求条件下，这种数字化外包形式需要签订数字化保密协议。在人事档案数字化过程中，无论采取何种形式，防止纸质档案的丢失损毁、防止数据录入的遗漏增删、防止数据的人为篡改等安全措施均是十分重要的。此外，对人事档案数字化加工的环境也要进行监控和管理。

（四）实用性强

人事档案数字化的目的是为了实现人事档案的有效管理和人事档案资源的利用和共享，从而提高整个人事管理工作的效率。因此，人事档案数字化工作的开展也要紧紧围绕单位人事工作的重心来进行，使数字化后的人事档案信息能够更好地发挥其作用，更方便地供查考利用；否则，人事档案的数字化就失去其根本的意义，而且造成人力、物力的浪费，得不偿失。

三、人事档案数字化的操作流程

（一）前期数据的确定和准备

首先，确定需要数字化的人事档案信息的范围、内容，包括基本信息和可扩展的信息。基本信息是人事管理系统中必需的、最常用的信息集，是单一记录信息集。该信息集用于描述某人个人属性和社会属性中最基本的信息，基本信息为必须录入的信息，由姓名、性别、籍贯、民族、出生日期、健康状况、婚姻状况、参加工作日期、政治面貌、部门、学历、职称、职务、基本工资、简历等信息项构成。可扩展的信息包括员工编号、个人专长爱好、调出时间、调出原因、离退时间、备注等信息项以及与其他信息集相关联的标识信息构成。

与此同时，需要确定哪些信息项需要录入全文信息，哪些只需要录入摘要信息，哪些需要连接图像、多媒体信息。由于人事档案是组织人事管理活动中形成的记录，反映人员经历和德、才、能力表现的、以个人为单位集中保存的历史记录，一般具有以下特点：

其一，时间跨度长，一般为 30 ~ 50 年；

其二，内容的冗余度较大，如一个人的基本信息是每表必有；

其三，可变动的数据多，如工资、职务、健康状况等数据处于动态变化中；

其四，保存价值差异大，有的定期保存，有的永久保存。

为此，一般可选择以党和国家领导人、全国著名的知名人物和对社会有重大贡献与影响人物的人事档案、纸质文件的正本，以及录音录像等的媒体材料为全文信息的录入。领导干部录入的信息集与信息项多一些，一般人员则相对少一些；广大职工一般只须录入基本信息集、行政职务、专业技术、学历学位、奖惩等信息集。

（二）人事档案数据的加工与转换

人事档案数据的加工与转换，就是将传统的人事档案信息转换为数字形式。转换方式有三种：一是直接在人事档案管理系统内进行人事档案数据的录入；二是从其他系统将数据直接导入人事档案管理系统；三是对需要全文录入的纸质信息进行数字化扫描、录音录像档案的数字化转换，缩微胶片档案的数字化处理。纸质档案的数字化可以采用扫描或数码相机拍摄方式进行，扫描仪光学分辨率应达到200DPI，扫描的图像应保存为 TIF 格式，禁止用 Word 保存扫描图像。数码相机拍摄精度应达到 300 万像素，数码相机拍摄的图像应保存为 JPG 格式。扫描过程中对于字迹比较清楚的扫描类型一般采用"黑白二值"模式。对于字迹模糊不清的可以采用"灰度"模式，分辨率一般采用 200DPI 即可，要求比较高的可采用 300DPI 彩色的应采用真色彩扫描模式，分辨率一般为 300DPI。

（三）数字化信息的加工与处理

首先，校对录入的各类信息与原文是否一致；其次，核对扫描的图像数量是否与数字化系统中所导入的目录数据库中的文件页数一致；最后，对扫描得到的图像进行优化，即将图像与多媒体文件对照原件进行压缩、去边、去污、去噪、去干扰、图文识别 OCR 等处理。将数字化后的文字信息、图像、多媒体信息与原人事档案信息进行校对核实，进行整合和关联处理的过程，这是整个数字化过程最为核心的内容。此阶段重点是要保证人事档案信息化后能够被存储和提供利用，将数据的丢失和信息的失真降到最低限度，保障人事档案数据的真实性、完整性、有效性。

（四）数据的存储与利用

人事档案信息处理过程将形成关系型数据库文件、电子图像和多媒体文件，这些信息将存储在网络环境下的人事档案管理系统并提供利用。据此选择网络存储设备和存储方式、信息的发布方式、信息利用访问方式、信息的保管模式以及安全策略的制定等。

（五）数据的维护更新

人事档案不同于一般的信息，准确性是人事档案管理最核心的要求。而且人事档案始终处于动态的管理中，人员数据的每一次变化都需要做出及时的调整与更新。因此，对数据的维护更新是一项长期的工作，而且要求档案人员必须要有高度的责任心和严谨的工作态度，对于每个数据都要细心核对。

具体讲，数据的维护更新有以下三方面的内容：一是对录入数据的校对审核，以确保录入数据的准确无误；二是对扫描信息中图像信息的审核和优化；三是扫描并优化完的图像要经过挂接才可以在系统的目录下看到原文。图像审核和优化完成后，才可以进行图像挂接。挂接的过程其实又是对前面目录数据著录与图像扫描结果的一次审查，因为如果著录系统中某一数据与原文信息不符，均无法进行图像挂接。如果有错还必须先进行修改后才可以挂接。

四、人事档案数字化过程中应注意的问题

(一) 数据要收集齐全完整

前期材料的准备一定要齐全完整，系统要求必录项目，除姓名、出生日期、参加工作时间、入党时间、学历、职称等基本信息外，系统所要求填写的其他信息也必须著录；否则，系统将以无法接受为由要求填写完整，按要求填写完整后，系统才能接受，存入数据库中。

(二) 数据必须准确无误，经过相关部门的审核认定

对数据源的真实性和权威性要进行鉴别，要求每一条数据的来源，都须经过相关部门的认定，著录时还须经过仔细核对，确保信息的准确无误，不能有任何的疑义和不实。如同一人员年龄数据中有岁数和出生年月日两种表述形式，则应以后者为准确表述。若同一人的"三龄一历"数据在档案中前后不一致，则应先认定后再著录。数据信息著录完毕后，还应当进行最后的数据核实。

(三) 数据录入人员应有高度的责任心

由于人事档案的每条记录都与每个人的前途和权益息息相关，任何一点儿著录失误都可能影响到当事人的切身利益，因此，必须配备责任心强、政治素质高的人员进行人事档案信息的著录。

(四) 数据的安全管理要求

在数据的安全管理上，要对数据采集、编辑、审核等进行权限规定和记录要求；设置系统用户权限，对访问系统中用户的身份采取身份认证。此外，著录人员应具有一定的计算机水平，能够熟练操作计算机、扫描仪和照相仪器，能够排除简单的设备故障，能够维护计算机的安全。

第二节　人事档案管理系统软件的开发与应用

一、开发或选择人事档案管理系统软件应遵循的原则

人事档案管理系统软件开发或选择事关人事档案现代化管理的成败，是自行开发，还

是委托专业软件开发公司量身定做，还是购买市场上现成的管理软件，一定要慎重考虑，三思而后行。

自主开发。如果本单位人员实力雄厚，条件具备，可选择自主研发的形式，优点是能够紧密结合本单位的工作需求，实用性较强，系统实施相对比较容易，且风险较小，系统的维护与完善也会及时到位；同时本单位人员开发既是业务工作，又是一个业务探索学习过程，可以培养和锻炼自己的研发队伍，有利于单位人员整体业务素质的提高。缺点是由于独立开发经验不足，对市场最先进的技术应用把握不到位，可能会给系统的普适性、稳定性带来一定的影响；系统的后续维护需要开发人员不断跟踪信息技术的发展，工作量大，开发周期长，成本比较高。

项目外包，有两种模式，一种是委托合作形式。即人事档案管理部门将人事档案管理系统的技术开发外包出去，专业软件公司针对人事档案管理部门业务状况和发展需求进行定制开发，人事档案部门负责提供系统需求。这样既回避了档案部门软件开发经验少、技术力量薄弱的不利因素，又为人事档案部门培养了懂现代化管理的复合型人才，更重要的是开发的软件能够更好地结合本单位的需求，适用性会更强，系统的运行和维护也有一定的保障。

另一种是直接购买市场上开发成熟的人事档案管理软件，整体由专业公司负责开发维护，包括软硬件集成平台的建设等，软件的使用也由他们负责培训。其优点是节省软件开发时间，软件能够集合最新技术成果，技术上可得到有效保障，具有一定的超前性。但由于商品化的系统通用性，系统功能无论在范围上还是深度上均不能完全满足特定用户的特殊要求，再加上开发人员并非档案专业人员，在系统功能需求的理解上不一定十分到位，可能会在系统的设计和使用方面带来一定影响。

无论是采取何种开发方式，人事档案管理系统都要遵循规范、先进、实用的基本原则：

（一）标准的规范性

统一的规范和标准是实现人事档案管理系统有效管理和资源共享的关键和前提保证。建立健全人事档案信息化建设的标准和规范，要将各单位内部或下级机构众多的人事档案信息资源协调有序地组织起来，通过网络系统实现共建与共享，关键在于标准化建设。依据国家有关档案信息化建设的规范，主要从以下三方面制定相关标准：第一，管理性标准。主要是对人事档案管理人员的职责和任务、用户的权利和义务以及人事档案信息资源合法性的规范。主要有《中华人民共和国档案法》《干部档案工作条例》《干部档案整理工作细则》《干部人事档案材料收集归档规定》《干部人事档案工作目标管理考评标准》等法律规章。第二，业务性标准。指人事档案术语标准、人事档案管理标准、人事档案元数据标准、人事档案文件存储格式、人事档案机构代码标准、人事档案鉴定标准、人事档案存储标准等。遵循中组部颁发的《全国组织、干部、人事管理信息系统信息结构体系》、干部档案登记表格、人事档案元数据标准，通过建立统一的标准，规范数据的采集、加工、交换。第三，技术性标准。主要指人事档案管理系统设计与应用标准，包括人事档案数据交换技术规范、元数据格式及置标语言标准、数据存储压缩格式规范、数据长期保存格式规范、信息过滤技术标准、数据安全与密级控制规范、网络协议等。

规范和标准是人事档案管理系统最实质性的保障措施，具有总揽性、规范性、指性特征，是人事档案信息资源共享的前提与基础。此外，在制定标准规范时，要注意与组织、人事、档案工作标准的彼此联系和协调、组成体系，并与国际标准和通用规范相兼容。

（二）系统的兼容性和可扩充性

人事档案管理系统应具有良好的兼容开放性和可扩充性，保证人事档案管理系统与人事部门的人事管理系统相衔接，确保档案部门对本单位各类人事档案数据的收集、整合、控制和传递。系统应在原有的系统平台上留有可供扩充的多种接口，如程序开发接口，数据移植接口，用户可自行进行功能扩展，既能自定义某些功能或修改部分模块，又为今后的扩充留有空间。

（三）系统的灵活性和数据独立性

系统本身应具有灵活性特点，可根据不同的要求，提供多种设备配置方案和应用环境。同时还应具备较强的数据独立性，确保在软、硬件环境发生变化时，数据的完整、安全迁移及有效利用。

（四）检索的高效便捷性

人事档案的有效利用必须依赖功能强大的检索系统。根据用户不同的需求，提供多样化检索功能，如全文检索、多媒体检索、智能检索等功能，实现远程利用与资源共享。

（五）系统的稳定性和安全保障性

系统设计应选择性能稳定可靠的技术和架构，包括操作系统、数据库、数据管理与存储、容灾备份、数字内容处理、信息发布、信息安全等技术，以保证系统的持久性和性能的稳定性。在系统安全保障方面，可采取如密钥技术、电子签名技术、身份识别与访问权限控制等措施，通过系统的自动化处理，尽可能减少人工修改的可能性，使系统的运转和数据的存储获得较高的安全保障。同时，从管理上也要制定相应的安全保障措施，以维护系统的稳定与安全。

（六）系统的易用性和易管理性

人事档案管理系统无论功能多么强大，系统如何复杂，但其最终目标是通过信息的处理加工，整合到统一的人事档案管理平台，辅助档案人员更好地管理人事档案，方便对人事档案信息资源的查考利用。因此，系统的开发设计一定要遵循人事档案管理人员的工作特点和规律，做到系统界面友好，用语规范简洁，易于操作，方便用户的使用。系统应具备较强的数据处理能力，易于管理和维护。

二、人事档案管理系统应具备的功能

人事档案信息化建设是一项复杂的系统工程，它的管理系统需要采用现代化的数据采集、加工、存储和利用技术，利用先进的网络、通信、计算机等硬件设备以及统一的标准、规范。

人事档案管理系统主要以人员自然情况、工作情况、个人简历、政治情况、工作业绩、特长爱好等信息为主，内容较为庞杂，通过人事档案管理系统，能够实现收集整理、数据存储、检索浏览、借阅管理、权限控制、统计报表、鉴定销毁、数据输入（输出）及格式转换的控制与管理，满足人事档案管理、业务流程管理和信息资源开发利用的需要。其目的是为单位的人事工作提供便捷快速的服务。因此，系统的设计与开发应根据单位人事管理工作的实际需要，既要便于人事管理工作的开展，又要利于人事档案的查询利用，同时还要保证系统的安全性和可靠性。一个完整的人事档案信息管理系统应该由以下几部分组成：一是经过数据采集、交流、整合后所形成的人事档案信息数据库；二是用于系统内不同数据库之间人事档案信息进行交换的专用网络环境；三是供人事档案信息交流、共享所需要的信息交换平台。据此，人事档案管理系统一般应具备以下功能：

（一）用户管理功能

该模块通过设置使用人事档案管理系统的用户及其使用权限，使分布在不同部门的用户拥有不同的使用权限，完成其权限所对应的功能，从而实现对整个系统的管理。用户权限管理应包括系统各部分的操作权限管理和数据操作的权限管理。系统能对所有上机人员自动判断分类、拒绝、警示非法操作记录。用户必须根据所分配的权限登录进入人事档案管理系统后，才能执行一定的操作，并生成日志记录，包括上机人姓名、访问时间（年月日时分）、所用微机编号、查询内容、利用方式（阅读、修改、拷贝、打印）、并提供详情查询功能。日志文件保存时间一般不少于 2 个月，需要长期保存的日志文件可自动保存备份。

（二）档案管理与维护功能

此模块主要是针对系统管理员的权限。不同级别的管理员根据自己权限可对数据库或数据字段进行新表的添加、修改、删除等。如增加员工档案信息、修改员工信息、删除员工信息、工作调动信息的调整、员工信息的整理维护等。在数据的管理上系统应支持集中式管理、分布式数据存储方式，以满足人事档案多级化管理要求和对下属单位人事档案监督管理的力度。

（三）人事档案检索功能

检索系统的功能包括：允许用户查看元数据，确保所有的访问权限在所有的检索中被执行，允许在一次查询中进行基于元数据、文件内容和文件主题类别的组合检索，满足用户对查全率、查准率的要求；提供尽可能多的检索途径和选择范围，以满足各种检索需求，达到快速、准确、全方位地利用信息的目的；能对查询结果进行显示、排序、打印或选择输出等技术处理。人事档案的检索功能是通过建立人事档案信息网络利用平台实现的，网络平台的功能包括用户管理、存取控制、用户界面管理、检索功能设置、信息公布等，通过网络平台实现档案的多渠道查询，可按姓名进行查询，还可采用布尔逻辑组合的多条件查询，还可实现全文智能化检索，也可提供定制服务或个性化服务。

（四）人事档案统计打印功能

系统能够以统计图和数字表格的形式对常用数据按一定方式做科学统计。利用按钮菜单能较好地完成数据的录入、查询、修改、数据排序、统计打印等功能。对案卷封面、案卷脊背、查询结果、统计结果进行报表输出打印。完成各类常用统计报表的编制和临时性的随机统计操作，可根据需要设定表格、图表、图像、文字等输出打印形式。

（五）系统信息维护功能

系统能够自动完成对人事档案数据的更新、可扩充、可移植性等操作，完成用户权限分级的设置、修改和删除等。如摘除不需要的功能，删除不必要的字段。或增加新的功能，添加新的字段，这是对系统灵活性和适应性的基本要求。系统应同时具有数据传输的加密措施、防火墙、数据备份等安全维护功能。

（六）辅助实体管理功能

辅助实体管理功能应具备对人事档案的收集、归档、缺少材料的登记、人事档案的整理编目、传递、库房管理、利用服务等基本功能。对收集归档材料的题名、时间、责任者、数量、种类、载体等以及缺少的材料进行登记。系统能对人事档案材料进行分类、排序、自动生成材料序号，并能由用户自动修改和重排序号、打印与输出各种目录。系统能对人事档案进行内部转递、转出、接收和制作档案传递通知单等业务。系统能够实现自动控制库房温湿度、自动调取案卷、自动组卷、自动编目、自动倒架排列等，档案实体的借阅申请和审批应采用工作流引擎技术，支持借阅流程的自定义。包括借阅调单管理、利用者信息、利用借阅、利用归还、预约信息、预约提示、催还提示、审批结果提示、利用查询和利用统计功能。系统预留与组织部门、人事部门信息管理系统的接口，可实现系统之间的有效对接。

（七）数据的迁移功能

系统支持人事档案数据的导入、导出、迁移、转换等工作。

（八）系统的可扩展功能

系统要提供丰富的扩展接口，比如程序开发接口，数据移植接口，用户可自行进行功能扩展。在应用需求变化时，能方便地调整，易于扩充升级，既满足当前的业务需求，又为今后的扩充留有空间。

（九）系统的安全保密功能

安全保密功能包括访问控制、数据保护和系统安全保密监控等基本功能。访问控制应实现严格的权限控制并具有防止越权操作的技术措施；数据保护指对档案数据的采集、存储、处理、传递、使用和销毁应遵循国家有关保密规定，系统有数据加密和密级识别；安全保密监控是指对系统中各种操作实现严格的监控并加以记录。

三、人事档案信息管理系统软件评价指标体系

人事档案信息管理系统由输入子系统、存贮加工子系统、输出子系统、反馈子系统组成。其功能应涵盖人事档案信息的采集、传统介质档案的数字化、数字人事档案信息的加工、处理、存储，应用程序的维护、对数字人事档案的归档、组织、发布、利用等全过程管理。

人事档案信息管理系统既有一般信息管理系统的特性，又有其自身的功能和要求。输

入子系统是收集、鉴别人事档案材料，使有价值的人事档案信息不断地输入到系统中，形成人事档案管理系统丰富的信息资源；存贮加工子系统是对人事档案信息进行特征描述、加工，使收集来的人事档案信息有序化、系统化；输出子系统是提供多种检索途径和检索手段，将加工处理后的人事档案信息提供利用，使用户能够快速、准确地查找到所需要的人事档案信息。反馈子系统是通过统计和用户调研等方式，随时掌握和分析系统运行状况与用户需求情况，使用户与系统之间建立良好的沟通渠道，不断满足用户的需求，从而使系统得到不断完善和优化。

根据上述人事档案信息管理系统的用途和特点可以得知，一个功能完善、性能良好的人事档案系统软件的评价指标可从功能、技术、成本三个方面加以考量：

（一）功能指标

功能指标是最根本的评价指标。一个管理系统是否得到业界的认可，最主要的是该系统的功能是否能够满足用户的需求。功能指标要素包括：系统功能模块的齐全性、系统的易用性和易管理性、系统的开放性和可扩展性、系统的安全性、系统的稳定可靠性等要素。

（二）技术指标

技术指标是系统良性运作的保障。在网络环境中，技术性能的优劣直接影响系统的质量。技术指标主要从人事档案信息管理功能设计的适用性、软件设计技术的先进性、系统设计的超前性、数据库信息组织的科学性、用户界面设计的合理性、人事档案信息检索的准确性以及查询的快捷方便性等方面评价。

（三）经济指标

经济指标是人事档案信息管理系统软件设计中必须考虑在内的指标。如果投入的成本大大超过最终的收益（包括社会效益和经济收益），那么这样的软件设计和使用的可行性就要受到质疑。成本指标主要考虑信息加工成本，如数字化加工费、软件硬件的开发费、通信费、日常维护和升级费、管理费、人员工资、耗材费用等要素。

第三节 人事档案数据库建设

一、人事档案数据库管理系统概述

人事档案数据库管理系统是网络环境中人事档案信息的组织、管理与利用的支撑平台。人事档案数据库管理系统是实现对各类数据进行统一管理和提供访问机制的管理软件，负责对数据库中所有数据的存储、检索、修改以及安全保护等。数据库管理系统依赖于服务器上运行的操作系统的环境，专门管理数据库内数据独立的软件系统。人事档案数据库系统的建设，要根据人事档案工作所管理的人事档案的种类、存储要求、管理要求等因素来确定数据库的类型、数据的组织方式、数据存储、数据管理和访问的软件系统和访问机制。

数据库系统具有自动的信息处理能力，它既能对各类人事档案数据进行分类与索引，又能根据需要对特定的人事档案信息进行检索、统计、分析，用户也可根据需要对数据库的数据进行增添、删除、更新、维护等，减少了手工管理的烦琐程序，大大提高了工作效率。

但是，人事档案管理系统功能再强大、技术设备再先进，如果没有资源，等于是"有车无货"，系统也就失去存在的意义。因此，人事档案信息资源的合理而有效的组织是人事档案信息资源建设的至关重要的环节，人事档案信息数据库系统是实现人事档案信息现代化管理的基础与资源保证。

二、人事档案数据库结构及其种类

数据库是长期存储在计算机内的有组织的可共享的相关数据的集合，可以通过特定的计算机程序对数据库的建立、运用和维护进行统一的控制和管理，使用者可以通过对数据的访问来获得所需信息。数据库具有数据的结构化、数据的独立性、数据的共享性、数据的完整性、数据的安全性等特点。

从用户角度来看，数据库主要由"文档—记录—字段"三个层次构成。文档是数据库内容组成的基本形式，是由若干个逻辑记录构成的信息集合。记录是文档的基本单元，它是对某一实体的全部属性进行描述的结果。字段是记录的基本单元，它是对实体的具体属性进行描述的结果。在各类数据库中，字段的内容都是不相同的。如在人事档案信息管理系统中，记录中含有姓名、性别、出生日期、民族、籍贯、学历等基本字段和工作经历数据、家庭成员数据等辅助字段。总之，一个文档中包含有大量的记录，每个记录中又包含有若干个字段，它们之间存在一种层次关系。

数据库均是基于某种数据模型来组织数据的。数据模型是用来表示实体与实体之间关系的模型，是数据之间的整体逻辑构图。人们可以使用数据模型定义、操纵数据库中的数据。依据数据模型的不同，数据库可以分为以下几种类型：

（一）层次模型数据库

层次模型数据库是按照层次结构的形式来组织数据的数据模型。它把整个数据库结构表示成一个树形结构的集合。层次模型是一种一对多的联系，只能逐层访问数据。

（二）网状模型数据库

网状模型用网络结构表示实体与实体之间的关系，可以直接描述实体之间多对多的关系网状模型和层次模型在本质上相同，都是用连线来表示实体间的联系，但是网状模型中的数据联系较复杂，因此，其数据结构也更为复杂。

（三）关系模型数据库

关系模型在逻辑上用二维表格描述实体及其联系。在关系模型中，把数据组织成一些二维表格，这些表格称为关系。关系模型的最大特点就是无论是事物还是事物间的联系都用表来描述，既可表达"一对一"的关系，也可以表达"一对多"的关系。

（四）面向对象数据模型数据库

面向对象数据模型是现实世界对象或实体，以及对象的约束和对象间联系的逻辑组织，是用面向对象的方法构建数据模型。面向对象的方法是一种分析方法、思维方法和程序设计方法。面向对象数据模型能够精确地描述数据、数据之间的联系、数据的语义和完整性约束，在数据库应用中起到了重要的作用。

（五）对象关系模型数据库

对象关系数据库既具有关系数据库的功能，又具有支持面向对象的特性，能扩充基类、支持复杂对象、增加复杂对象继承机制，支持规则系统，能够更好地满足当今不断快速发展的多媒体应用、Web 应用的需求。

三、人事档案数据库信息的组织方式

人事档案信息的组织就是运用现代信息技术手段对大量分散的、杂乱的各种人事档案原始数据进行搜集选择，并采用一定的方式，对档案数据进行分析、优选、加工、整理、排列、组合，使之有序化、系统化、规范化，以利于信息的存储、检索、传播、利用。人事档案信息组织是一个信息增值的过程，是人事档案信息资源建设的中心环节，是实现人事档案信息检索、咨询与利用的基础与资源保证。传统的人事档案信息组织方式比较简单落后，有的只有案卷目录信息、人名索引信息或卷内文件目录信息，即使使用计算机辅助管理，也只是一般的基本信息，无法真正实现人事档案信息的现代化管理。随着信息技术、网络通信技术的日益成熟，新型的人事档案管理系统功能越来越趋于完善，改变了单一的人事档案信息资源的组织方式，除了传统的文本信息，图像、图形、音频、视频信息也成为人事档案信息组织的对象，打破了单一的数据模式。人事档案数据对象、范围的描述也逐步深化，信息组织的技术手段和要求也在提高，如自动分类、标引、自动编制和管理分类表。自动生成目录、按照不同需求生成输出结果等已成为数据库信息组织的必备要求。网络环境下人事档案信息组织的方式主要有以下几种：

（一）自由文本方式

该方法主要用于人事档案全文数据库的信息组织。它是对非结构化的文本信息进行组织和处理的一种方式。它无须前控，不是对文献特征的格式化描述，不必用规范化语言对信息进行复杂的前处理，是用自然语言深入揭示文献的知识单元，根据文献全文的自然状况直接设置检索点，能够完整地反映出一次文献的全貌，通过计算机自动进行文献信息处理和组织。基于全文数据库的全文检索可以将任意字符作为检索标识，用户用自然语言可直接检索未经标引的一次文献。

自由文本方式组织人事档案信息资源简单方便，但随着人事档案信息量的不断增多，以文件为单位共享和传输信息会使网络负载越来越大，而当信息结构较为复杂时，文件系统难以实现有效的控制和管理。

（二）超文本信息组织方式

该方法是一种非线性组织方式，它以结点为基本单位，将网络上相关文本的信息有机地编织在一起，结点间以链接点相连，将文本信息组织成某种网状结构，用户可以从任一结点开始，通过高度链接的网络结构在各种信息库自由航行，多角度浏览和查询信息。用户可以从任一节点开始，随机、自然地浏览查找下载自己所需的信息。超文本信息可以是文字、图形、图像、声音、动画等多媒体形式，故也称之为"超媒体"。

超文本方式较之线性文本方式具有许多优点：首先，它以节点为基本信息单位，将各种文本、图像、动画等知识单元、片段存储在不同的节点中，节点间以关系链加以链接，构成纵横交错、富于联想的立体网状结构，打破了传统信息组织方式只能按顺序线性存取的限制，且符合人们思维联想和跳跃的习惯，可以灵活方便跳跃地浏览、获取信息。其次，超文本系统在信息检索方面无需复杂的检索语言，只须点击链接点即可，复杂的网状结构，融浏览与检索于一体，可满足用户从不同角度浏览查询信息的要求，具有较强的索引功能。但超文本方式也有它的局限性：一方面，它在文本之间来回跳跃链接，很容易打断读者的思路，分散读者的注意力。甚至可能使读者被五花八门的链接牵着鼻子走，而偏离了信息查询的初衷。当超媒体网络过于庞大时，会造成用户难以准确而迅速地定位于真正需要的信息结点上，不可避免地造成用户"迷航"的现象；另一方面，由于超文本本身的特点，一组逻辑性较强的信息往往由多个节点组成，导致用户难以从整体上把握众多节点和页面完整的逻辑关系，使检索结果失去整体性和全局性。但瑕不掩瑜，超文本方式以其独特的优势，打破了常规的检索方式，创造了传统文本系统。这是传统的检索系统所无法想象和实现的知识信息的新型组织方式，实现了信息组织方式的一次飞跃。

（三）主页方式

将有关某机构或个人的信息集中组织在一起进行全面介绍，它类似于档案全宗的组织方式，是对某个人物的全面介绍，介绍的详细程度由建立主页的单位或个人自行决定。

（四）数据库方式

数据库是在计算机存储设备上合理存放的相互关联的数据集合。数据库组织方式就是将所有已获得的人事档案信息资源以固定的记录格式存储，用户通过关键词及其组配查询，就可以找到所需要的信息线索，并通过信息线索直接连接到相应的信息资源。

数据库方式区别于文件方式的重要标志在于其存取的基本单元不是文件，而是从整体的观点来规划和设计的具有一定结构和规律的信息，在较高程度上杜绝了信息的冗余和不一致现象，提高了用户的信息利用效率和方便性。数据库组织方式对用户提出了较高的要求，要求用户掌握一定的检索技巧，包括关键词及其组配方式的选择，对于如何进行数据库的自动扩充，如何提供良好的人机交互，也提出了较高要求。

四、人事档案数据的组织与存储的需求

人事档案数据量的大小、数据的管理和访问方式直接会影响到人事档案数据组织和存

储方案的设计和数据库管理系统的选用，一般需要考虑以下因素：

（一）人事档案数据的类型

一般地，人事档案数据的类型有文字、图表、图像、音频、视频等表现形式，从存储形式上可分为结构化数据、半结构化数据和非结构化数据，从数据管理上可分为可量化的元数据和数据对象，而不同的关系型数据库对数据对象的管理能力有所不同，提供的检索机制和访问方式也不完全一样，在数据的存储与组织上要尽量将数据类型考虑全面。

（二）数据大小

人事档案数据量的大小及每个文件和对象的大小应想到数据存储方式的选择，选择数据库类型时，要充分考虑人事档案数据现有的容量和未来增加的容量。

（三）数据分布

由于人事档案数据可能来源于不同的地域、不同的部门，因此，需要根据人事档案数据的分布情况设计数据库的分布式方案和数据的存储结构与关系。

（四）数据访问

根据数据被访问的用户特点考虑数据的存储和组织方案，对于访问频率较高的人事数据或可公开提供利用的数据，可选择存放在实时访问的网络存储区域；而对一些不易开放的人事档案数据和用于人事档案部门内部管理使用的数据，可考虑构建分级的应用存储方案。

（五）数据检索

可量化的数据以元数据的形式存储在关系型数据库中，可通过设定的字段进行检索、统计和分析。对于以多媒体对象存储的非结构化的人事档案数据，要考虑在网络系统中建立图文识别、语音识别、图像识别等特殊系统，进而实现对这类数据对象的全文检索。

此外，数据库系统的建设还受制于经济承受能力、人事档案管理部门对网络、数据库的认识程度。人事档案部门只有在资金、管理需求、技术能力都具备的条件下，才能提出合理完善的系统需求，也才能设计开发出具有较高水平的人事档案数据库管理系统。

五、人事档案数据库管理系统的选择

人事档案数据库管理系统是有序存储和科学管理人事档案数据并提供数据访问机制

的数据存储与数据组织系统，它介于网络、计算机操作系统和应用系统之间，依赖网络来提供数据服务。人事档案数据库管理系统功能包括：数据库的定义功能、操作功能、控制功能、建立和维护功能。目前，常用的数据库管理系统一般是指关系型数据库系统，主流产品有 SQL Server、Oracle、Informix 等，根据数据库系统的功能特点，选择人事档案数据库管理系统时，主要从以下几方面考虑：

①人事档案管理软件所采用的数据库管理系统；

②人事档案数据库管理系统在数据库建立、数据备份、分布式数据存储与管理方面的性能：

③人事档案管理系统使用的方便性、易操作性、兼容性与可维护性；

④人事档案数据库管理系统所能提供的文本存储与全文检索功能；

⑤数据访问是否遵循统一的标准，是否可实现与其他格式数据库的数据交换；

⑥人事档案数据库管理系统的安装、使用、维护。

六、人事档案数据库的总体设计

人事档案数据库的设计根据设计顺序分为数据库需求分析、数据库概念设计、数据库的逻辑设计三个步骤。

需求分析是数据库设计的第一环节，该环节需要确定基本数据、数据间的关系、数据结构及数据的处理流程，制定详细的数据字典，为数据库进一步设计打好基础。

数据库的概念设计是在用户需求分析的基础上，设计出能够满足用户需求的各种实体，以及各实体之间的联系，为逻辑设计打下基础。

数据库的逻辑设计是将数据的概念设计转化为具体的开发工具语言，能够描述和支持的实际数据模型，也就是数据库的逻辑结构。整个数据库的结构可分成三级：内部级、概念级和外部级。外部级最接近用户，是单个用户所能看到的数据模型；内部级和概念级是数据库管理人员和系统管理人员看到的数据模型。正是由于数据库在体系结构上的分级，在各级之间有专门的模式变换程序，所以才保证了数据在逻辑上和物理上的独立性。

人事档案管理系统是一个数据库应用系统，所有人员的信息都保存在数据库里，因此，在数据库的设计和开发过程中，数据库的结构设计是至关重要的一环，数据库结构设计的好坏将直接对应用系统执行效率以及实现的效果产生影响。好的数据库结构设计会减少数据库的存储量，数据的完整性和一致性比较高，系统也会有较快的响应速度，能简化基于此数据库系统的实现。

总之，人事档案数据库设计是一项复杂的工作，设计人员要充分理解用户的需求，在系统设计中要与人事档案管理专业人员进行反复沟通。在数据库开始设计的时候，应尽量进行全面考虑，尤其应该仔细考虑最终用户的各种需求，做到避免浪费人力和物力，并有创造性地开展工作。

七、人事档案数据库建设的基本程序和质量要求

人事档案数据库建设是人事档案信息化建设的核心，人事档案数据库建立过程是对人事档案数据进行技术处理的过程，它包括对各种形式的数据进行收集、加工、整理、存储、检索以及维护工作的总称。

（一）人事档案数据库的内容构成

设计人事档案数据库一般应完成对以下内容数据的处理：

1. 人员基本情况数据

即人员的自然情况，包括姓名、曾用名、性别、出生年月日、民族、籍贯、民主党派、入党时间、参加工作时间、学历、毕（肄）业时间和学校、所学专业、职称职务、健康状况、现工作单位、工种、工资等级。

2. 学习培训、业务考绩数据

包括曾经学习培训的情况、专业特长、工作业绩、所学外语及熟练程度等。

3. 工作经历数据

工作以来的历次记录，包括时间、地点、单位、从事的工作、担任的职务，参与的历史事件名称、担任的职务或身份等。

4. 表现情况的数据

即历次奖惩情况，包括奖惩时间、名称、原因、奖惩级别、奖惩单位、政治历史问题的审查情况等。

5. 其他与本人相关的数据

如配偶、子女及主要社会关系的简要情况，包括姓名、与本人关系、出生年月、工作单位、职务、党派等。

在设计人事档案信息数据库时，将上述不同类别的内容根据需要分别放置在主库、辅库、子库和文本文件中，并根据相关字段建立索引库，以便于今后的查询。

（二）建立人事档案数据库管理系统的单位代码库

单位代码库是人事档案数据库管理系统用来规范建库属性数据的重要文件，它是将系统所管理的所有单位根据一定的规则给定一个代号，建立单位代码库，根据单位代码，就

能够知道与之相关的各种管理信息。单位代码库是人事档案信息标准规范建设的重要内容之一，是正确管理和使用人事档案管理系统的前提，是实现与单位各部门管理系统接轨的保证，也是准确检索人事档案信息的必要条件，为今后整个电子政务管理系统建立统一的代码标准奠定基础。一般本级系统的单位代码的建立分为以下几步：

首先，编制统一代码。即将本级系统管理单位的全称和简称，按归口类别列出，经单位编制与审核通过后，按系统对代码区间的划分和代码的具体含义，给出每个单位相应的机构代码，每一代码由单位性质、系统层次、单位类别、单位规格编制相应的四位单位标识码组成。为实现数据代码的共享，如果有统一规范的代码标准，则采用单位系统统一的代码，这样既可减少重复性的劳动，又保持了代码标准的一致性。如果单位系统内尚无统一的标准，则本单位的机构代码最好能够自动转换成上级系统能识别的机构码，以便在通用的管理系统内进行数据的交换和网络间数据的传输。

其次，单位代码的输入。单位代码、单位标识码和机构转换码编制好后，在人事档案管理系统中"初始化／维护"的"单位库的建立与维护"功能模块下，输入本级系统的单位代码、单位全称、单位简称、单位标识码等，运用"建立单位转换码"功能，输入"本机构在上级系统中的代码""本机构在上级系统中的汉字部分"等，形成机构转换码信息。

最后，单位代码库建好后，可运用人事档案管理系统中"初始化／维护"中的"单位库到显示库的转换"功能，将单位代码库中的机构码对照汉字转换到显示库中，供系统显示机构代码和对照汉字使用。至此，单位代码库基本建立完毕。

（三）组织采集人员信息

人事档案信息数据库的信息是从人事档案中直接采集而来的。人事档案信息的来源有三种：一是从单位人事管理部门生成的电子信息直接复制到人事档案管理系统内；二是从单位人事管理系统中将需要归档的内容进行数据迁移，前提是要求两个系统必须有接口方能实现网络归档；三是从单位的人事档案卡片和人事档案原件直接采摘所需信息。采集数据的质量直接影响到人事档案数据库的质量和使用效果。因此，一定要以高度负责的态度认真填写好每一个数据，对数据要进行仔细核对，特别是像"三龄一历"信息前后不一致时，要先认定再著录。对时间、工资、享受待遇等数据要按照规范要求从严核准。另外，人事档案信息是动态的，因此，信息的采集和库内数据的维护是一项长期的工作。

（四）数据的录入方法与步骤

人事档案管理系统数据的录入一般采取批量录入和主机少量录入，具体采用何种方式应根据准备录入的数据量多少而定。数据录入过程中，要定期检查核对已录入的数据，校对可采用屏幕提示实时校对，也可采用打印输出方式对照档案原件或人员信息卡片逐项校对，还可以通过实际应用，对数据库中的数据进行查询、检索、输出等操作，发现错误后及时更正。三种方式在实际工作中可结合运用，数据的维护与更新是人事档案工作的一项长期性的工作，只有不断维护人事档案数据的真实性、完整性，才能有效发挥人事档案管理系统的作用。

八、人事档案数据库系统建设应注意的问题

（一）保证信息系统数据的真实性、准确性和完整性

真实性是人事档案的生命，人事档案能真实客观地反映个人的本来面貌，是人事档案发挥作用的基础和赖以存在的前提。因此，一定要保证信息系统数据与人员档案信息的一致，这就要求在著录数据时，要准确地按照人员档案内容著录，并且将系统内各字段填写完整。

（二）保证人事档案数据库系统的标准化和规范化

人事档案管理信息系统的标准化和规范化是实现人事档案网络化管理和资源共享的基础。

1. 字段设定要统一

字段设定要遵循中组部下发的统一标准与格式，这是今后在网络上进行数据相互交换的根本保证，也有利于系统的升级换代。字段设定的标准与规范也有利于检索的查准率和查全率。对人事档案管理信息系统的字段设定一定要做到规范、全面、准确、统一，这样通过人事档案管理信息系统就能够比较全面地了解人事档案基本内容。

2. 保证著录数据的质量

著录信息系统数据的质量往往直接影响到使用者的利用。为了确保录入数据的准确无误，要对著录的数据认真核对，严格把关。

3. 管理和利用好人事档案管理信息系统

人事档案管理信息系统管理也要有严格制度，最重要的要保证它的安全。一方面，是数据安全，不能丢失数据；另一方面，是网络安全，不能让他人侵入人事档案管理信息系统。为此，在进行安全保密教育的同时，建立安全责任制，严格档案与数据的交接、清点，加强日常督查，并建立权限控制机制，实现系统的分级操作和安全管理。

人事档案是具有特殊价值的档案材料，体现人事档案内容的信息系统只有得到充分利

用，才能更体现它的价值。人事档案管理有严格的规章制度，在不违反规章制度的条件下，最大限度地满足使用者的需求，是发挥人事档案作用的必然趋势。由于人事档案管理信息系统存贮容量大、检索速度快、操作简便、数据存储安全等优越性，因此充分利用信息系统，不仅为使用者提供高效快捷的服务，也会有效地保护纸质材料的人事档案。

4.培养高素质的人事档案管理人才队伍

信息系统的建立除了要有计算机等现代化设备外，更重要的是要有一支高素质的管理信息系统人才队伍，依靠既懂人事档案业务，又具有计算机应用软件、系统开发和维护能力的专门人才，才能真正完成数据库建设的工作。首先，要求工作人员既要熟悉人事档案管理的各种规章制度，又要了解计算机的基本知识，掌握其使用方法。其次，选择有责任心、热爱本职工作的专业人员。只有具备了良好职业道德的人员，才能在实践中不断学习和积累经验，经常发现和改进工作中的缺陷与不足之处，以确保人事档案管理信息系统质量的稳定性。最后，通过提供优质的服务，让人事档案管理信息系统发挥重要的作用。

第四节　单位人事档案管理的数字化实现过程

单位人事档案管理主要是全面客观对单位工作人员进行文字、图像、影像等个人基本信息的详细记录，便于单位对在职工作人员进行科学合理的人事变动以及管理。所以，实现单位人事档案管理数字化是单位人事档案管理的必由之路。单位人事档案管理数字化能够有效地弥补传统人事档案管理的漏洞，为单位人事档案管理工作作出更大的贡献。

一、数字化在单位人事档案管理中的优势

（一）管理效率的提升

应用数字化在单位人事档案管理过程中，能够将管理效率提高，和以往的人事档案管理方式比较，数字化单位人事档案管理中计算机运算速度快，而且数据存储量非常大，方便人事档案管理工作人员查找、编辑、检索需要的资料。另外，应用数字化可以在最短的时间里，提供给人事档案管理人员多种人事资料。根据实际情况可以知道，利用计算机技术进行数据录入以及有关数据的查找，能够降低手工操作形成的错误，减轻工作压力，将工作效率和工作质量提高。

（二）档案信息资料的利用率得到提升

不可否认的是，在单位的人事档案管理当中，单位的发展受到资料是否完整的影响。而且人事档案管理部门需要不定期地为单位提供多种数据资料，方便有关部门进行借鉴。如果利用传统落后的方法，那么在查找信息资料的过程中将浪费大量的时间。但是利用数字化人事档案管理方法，能够在最短的时间里利用关键词找到资料并且进行查阅，从而更大程度上提高人事档案的利用率。

二、单位人事档案管理的数字化实现过程

（一）构建单位数字化人事档案管理系统

健全完善数字化管理系统是增强单位人事档案数字化建设的关键。第一，将数字化系统引入到单位人事档案管理系统当中，比如单位的信息系统以及资源规划系统等，针对单位的具体情况，挑选最为恰当的管理系统。同时，在这个前提下，重点开发符合单位具体人事档案管理工作的人事档案管理系统，做好互相兼容促进。第二，有针对性地让单位将纸质档案转变为电子档案，存储在单位系统当中，完善好数据库工作。转化的流程中遵照"先简单后复杂，先重要后次要"的原则，预先将纸质档案管理信息进行分类，将人力资源集中，将比较重要的纸质档案转变为数字档案，做到科学合理搭配。具体转化过程中，首先将标准档案归纳到单位数字化管理系统当中，当全部导入档案之后，逐渐地规划电子信息档案数量和档案的页数。第三，所有的人事档案管理人员信息全部输入之后，需要对电子信息进行核对，保证所输入的信息准确，同时打印出来移交当事人进行核对，发现错误要及时进行更改。

（二）查询系统的设计

设计数字化系统管理当中，需要优化设计单位人事档案查询系统。开展单位人事档案管理，工作重点在于带来数字化的服务，从而实现更新人事档案管理工作。单位人事档案管理在创造查询系统中，将灵活便捷作为根本，提供给档案管理更大的便利，保证管理工作者按照自身需求，将具体管理工作完成。查询系统需要非常丰富全面的字段，比如，学历、姓名、专业能力以及工作情况等，按照字段就可以查找到所需要的内容，为动态管理提供有效的帮助，实现全面管理的目标。同时，优化查询系统，综合查询人员的习惯和查询方式做出对应的改变，可以通过时间，提高查询效率，还可以将应用性能进行优化。

（三）及时更新档案数据库

实现单位人事档案数字化发展的重要保证就是更新档案数据库。单位人事档案由于职工个人变化以及发展情况的改变，决定了数字档案更新频率快的特点。对单位人事档案管理工作者来讲，需要按期对工作人员的档案更新情况进行检查，按照所出现的多种人事变动以及人事资料的改变对数字化档案进行及时更新。一般来说，更新档案数据库要通过各科室的负责人员、单位上下级用户和系统内部的用户管理员一起完成。每一个科室负责人将部门的成员工作情况以及工作岗位调动情况进行整理，上传到数字化档案信息管理系统当中，管理人员接受有关信息之后，将有关信息与对应的人员档案进行核查，针对做出改变的在职人员电子档案进行更正，保证单位人事档案管理的时效性。

（四）加强人才队伍建设

档案数字化建设发展，需要人才的支持。因为档案信息建设需要应用很多方面的先进科学技术，所以单位需要采用多种措施。首先要培养管理工作者掌握先进技术，充分掌握档案管理知识。其次，具备良好的计算机网络技术，了解单位业务，培养出复合型的人才，充分满足档案数字化发展的要求。所以建设人事档案数字化，不但需要管理人员具有完备的档案管理知识，而且需要管理人员具备高水平的计算机使用和安全防范能力。因而，加强档案管理人员的培训，有目的性地进行多种培训工作，尤其是对计算机、网络技术、信息安全保密制度的培训，增强工作人员的业务水平和安全防范能力，实现有效监控。

第五章　现代新媒体环境下的档案服务

第一节　新媒体及其主要特征分析

在信息社会，新媒体是手段、是途径，其最终目的是为了传播信息内容。作为具有权威性的信息资源之源，档案信息在科学研究、经济建设等各项活动中具有独特的资源优势，是需要借助新媒体广泛传播的重要信息之一。档案信息服务是新媒体信息服务的重要部分。新媒体的应用为各种档案信息服务方式创造了前所未有的无限可能。本章从档案信息服务方式角度来研究新媒体对档案信息服务的影响。

一、新媒体的含义

新媒体是"由所有人面向所有人进行的传播"。国外学术界普遍认可和广泛引用的概念指出：新媒体是一切具有交互特征及数字化分布属性的数字媒体对象。

本书中采用的新媒体定义如下：媒体是指传播信息的中介，即载体或平台。新媒体是相对于传统意义上的大众传播媒体而言的，是指随着传播新技术的发展和传媒市场的进一步细分而产生的新型传播媒体，主要是指宽带互联网络、移动两类新媒体。

二、新媒体的类别

（一）数字新媒体

按照各类媒体出现的先后顺序划分，目前媒体可以分为五类：期刊、报纸、书籍等纸质平面媒体为第一媒体，广播为第二媒体，电视为第三媒体，互联网为第四媒体，移动网络为第五媒体。数字新媒体由传统的第一、第二、第三媒体发展而成，在互动性方面稍差，但在内容的个性化方面具有优势。

（二）网络新媒体

网络新媒体又称为第四媒体。它为人类信息交流创造了全新的模式，使得信息瞬间便可传播到全世界。信息的利用及其作用，较之以前的社会有了质的飞跃。

计算机网络是计算机技术与通信技术结合的产物，它把分布在不同地理区域的、功能独立的多台计算机与专门的外部设备用通信线路连成一个规模大、功能强的网络系统，从而使众多的计算机可以方便地互相传递信息，共享硬件、软件、数据信息等资源。

在 Web 2.0 之前，网络信息主要存储在服务器上集中提供给用户，用户通过浏览器被动地接受信息，所获信息的质与量取决于信息提供者即网站建设者，信息使用缺乏创造性和个性化，这个阶段被称为 Web 1.0，相对于 Web 1.0，Web 2.0 是一次从核心内容到外部应用的改变。

（三）移动新媒体

移动新媒体是基于无线网络的媒体。首先，它继承了第四媒体即网络新媒体所具有的不受时间、空间限制的特点。无论何时何地，只要有信号和移动互联终端，就可以使用移动新媒体。其次，移动新媒体覆盖人群广，拥有广泛的受众基础，使用手机和无线网络的移动终端用户全部是它的受众。

智能手机是移动新媒体的典型代表。移动新媒体的应用形式主要包括无线传播的短消息（Short Message，SM）、多媒体短消息（Multimedia Message，MM）、WAP（Wireless Application Protocol，无线应用协议）、手机杂志、手机报、手机可阅读电子书、手机可收听网络广播、手机电视、手机博客、手机微博、各种社交媒体手机版、移动社交、移动应用、移动互联网门户网站等。

三、新媒体的特征

（一）网络化

新媒体是以网络为先导发展起来的，网络是新媒体的代表，网络化是新媒体最基本的特征。网络构筑起崭新的虚拟空间，新媒体离不开网络空间。第四媒体就是指互联网本身，而第五媒体的出现和发展依赖于无线通信网络与国际互联网结合发展成为移动互联网络。网络是新媒体信息传输的媒介，新媒体通过网络突破时间和空间的限制快速便捷地传输各类信息。在新媒体的形成和发展中，网络扮演着不可或缺的角色。

（二）数字化

数字化是指新媒体上传播的信息是以二进制数字代码形式记录和表示的。这是新媒体的主要特征之一，是新媒体与以往所有传统媒体的根本性的区别。数字化的信息既可以是单一的信息形式，也可以以文字、图片、声音、影像等复合形式呈现。

（三）便捷化

便捷化是指新媒体的信息传播手段便捷化，即克服了传统媒体受时空限制的局限性，具有全天候和全覆盖的特征。例如，通过手机，人们实现即时与他人通话或收发短信。再如微博问世后，信息的传播呈现多维、立体、交叉、全景的特点，并且可以做到一天24小时不间歇。新媒体信息传播可以在瞬间通过网络、手机等传播到世界任何角落，新媒体覆盖的任何地方的用户都可以随时接收到地球上所有角落发出的全部信息，在时间上实现即时性，在空间上达到广泛性。

（四）互动性

互动性是指新媒体信息传播是双向互动的，这也是新媒体的一个显著特征。传统媒体的信息传播都是单向、线性的、"一点对多点"的传播方式。例如，报纸登什么，读者就只能读什么；广播放什么，听众就只能听什么；电视播什么，观众就只能看什么。而新媒体提供了各种信息发布的平台使得信息传播变为多点对多点。人们既可以作为接收者在平台上获取消息，也可以在平台上发布消息成为发布者，还可以互相反馈信息，实现互动。例如，数字广播新媒体可以实现听众与主持人的互动，听众还可以通过数字广播平台任意选择自己想听的节目。听众不仅参与媒体的传播活动，还可以随心所欲地从媒体中选择所需信息。新媒体不仅可以做到媒体与受众之间的互动，还可以实现受众与受众的互动。

（五）个性化

首先，个性化是指作为新媒体用户的个人，可以成为信息的传播者，通过博客、微博、手机短信、微信等新媒体工具，向特定人群或所有受众传播自己生成的信息，表达个人的观点；其次，是指信息服务机构可以根据信息利用者的个性化利用需求，通过新媒体应用为利用者提供个性化信息服务；最后，个性化还包括分众化，即任何的个人都可以通过新媒体与他人沟通交流，并因具有共同的个性而形成一个个志趣相投的小团体。传统媒体的受众是无差异的、普遍的广大群众。新媒体的受众可以因个性的不同而分割为趣味相投或利害相关的"小众"。

（六）多元化

首先，多元化是指新媒体信息内容的多元化，新闻、娱乐、科技、广告等可以无所不包并且更富有层次性；其次，新媒体上信息的来源、种类、受众等都趋于多元化，完全可以满足不同类型信息利用者对信息的不同需求；最后，新媒体信息的表达形式和接收设备多元化，表达形式可以是文本、图形图像、音频、视频等多种表达形式，使信息更加丰富和饱满。同一表达形式的接收设备可以是手机、手持阅读器或计算机。

除了上述主要特征外，新媒体还具有多种特征，包括海量化、社群化、民主化、碎片化、开放性、平等性、自由性、全息性（指新媒体的传播行为具有全息性，即构成系统的各个部分可以具有不同的功能，但要实现系统的整体功能。每种事物与其他一切事物之间都存在互动的、相关的影响）、低成本等特征，而且新媒体的形态还会随技术进步而日益优化。

第二节　档案网站与档案信息服务

一、档案网站概述

档案网站是档案部门在互联的公共信息网络上建立的站点，它以网页方式提供相关信息和相关服务，构成公共信息网络的一个节点。档案网站建设是档案部门信息化建设的一项基础性工作和档案信息服务的重要手段。

目前，国内众多档案馆开设了档案门户网站，将档案信息按照一定的主题或分类法进行组织，提供 Web 浏览、查询、下载等功能，以此提供网络服务。

（一）档案网站的类型

随着信息技术和利用需求的发展，档案网站的功能和类型不断丰富，目前已建成的档案网站根据其所建环境、服务对象、建设主体和技术手段的不同而分为不同类型。这里仅介绍根据不同主体建设的网站类型，主要有：档案局（馆）网站、专业部门档案馆网站、企事业单位档案网站、档案刊物网站、档案教育与咨询网站、个人档案网站等，其中前三种是主流档案网站。

1.档案局（馆）网站

档案局（馆）网站包括国家档案局网站和地方档案局（馆）网站。国家档案局网站既是国家档案局的官方站点，也是全国档案信息网站的门户网站。国家档案局网站上提供了全国各省、自治区、直辖市档案局（馆）网站的链接，起到了引领网站的作用。地方档案局（馆）网站是发展最快、数量最多的一类网站，这些网站依托地方档案馆的馆藏资源提供在线档案信息服务，同时在网络上实现档案行政管理和行政服务功能。因此，地方档案局（馆）网站兼具档案局政务窗口、网上档案馆和地方档案网站门户的三重作用。

2. 专门档案馆网站

专门档案馆网站是基于国家专门档案馆馆藏而建立的网上专业档案利用、服务站点。

3. 企事业单位档案网站

企事业单位档案网站是企事业单位依托本单位档案馆（室）资源而建立的提供档案宣传、查询和利用的站点。

4. 档案刊物网站

档案刊物网站是档案杂志社或档案出版机构在网上建立的具有网络出版、网上发行功能的档案站点，是为档案学者和档案从业人员提供学术探讨、业务交流和专业资源共享的园地。

5. 个人档案网站

个人档案网站是由档案专家、学者、档案从业人员或在校学生创建的，以探讨学术思想、交流工作经验、传递专业信息、分享专业体验为目的的各种形式的档案站点（包括博客）。

（二）档案网站的作用

1. 档案宣传的新途径

档案网站为档案部门宣传档案工作提供了新的方式和新的窗口。互联网是继三大媒体（报纸、广播、电视）之后飞速发展起来的第四媒体，能够克服传统的档案宣传形式的诸多局限，成为档案部门加强和深化宣传工作的新窗口、新阵地。

利用网站宣传档案工作主要的优点有：生动活泼，图文声影并茂，容易被广大利用者所接受；传递迅速，宣传面较广，不受时间及空间的限制；针对性比较强，档案网站的来访及利用者的素质一般都比较高，能够通过自助方式找到所需的信息资源，取得较好的宣传效果；兼容并蓄，能与报刊、广播、电视等多种宣传途径互联互补；档案宣传与档案利用结合得比较紧密，宣传的同时也可提供档案信息资源利用，使受众更乐于接受，这是网站宣传的独特魅力。

2. 档案信息服务的新手段

档案网站为档案馆提供了改善服务的新手段、新渠道。档案馆可以充分利用网络分布广泛性、开放性、动态性和非线性等特点，在网上公布馆藏指南和检索目录，定期或不定期进行特色档案信息发布等，通过网站为社会各界开辟一个档案信息服务的新通道。

为提高档案信息资源的利用效率，充分发挥档案信息资源的作用，除正常接待查档外，许多档案馆开展了函电代查、代抄、代复制、档案咨询等多种形式的服务活动。互联网的发展又为档案馆提供了新的服务手段。电子邮件是互联网提供的一种快速、高效、方便、廉价的信息传递方式，通过电子邮件，不仅可以传递文字信息，还可以传递声音、图像、影像等多媒体信息。档案馆通过电子邮件这种形式可以突破函电代查、代抄、代复制的局限，为利用者提供更加及时、准确、全面的信息服务。一般档案馆都在主页上公布一个可供联系的电子邮件地址，这样远在外地、海外的利用者可以将其查档要求通过电子邮件告知档案馆，档案馆再根据其要求查阅后，将查档结果以电子邮件的形式传送给用户。

二、信息阅览服务

（一）馆藏档案信息

档案网站档案信息服务的最基本内容就是向社会发布档案和档案工作信息，提供信息供利用者阅览。

馆藏档案信息全称可以表述为馆（室）藏档案信息，是指档案馆、档案室所保存的各类档案的内容信息、特征信息等各方面的信息。向社会公众介绍和公布档案馆以及档案室所藏的档案信息是档案网站最主要的内容，是涉及面最广、最能吸引利用者的部分。

在网络新媒体中，各级各类档案馆和档案室所发布的馆藏档案信息应该是信息量最大的，也应该是最为集中和最丰富的。因为这类档案信息最能直接满足社会各界对档案的利用需求。所以馆藏档案信息应是档案网站的核心信息，为社会提供内容丰富、形式多样并具有参考价值和经济价值的政治、经济、科技和文化信息。

馆藏档案信息根据加工层次可以分为三类：一次信息、二次信息和三次信息。一次信息是指未经任何人为加工的档案原文信息。一次信息比较全面和详细，具有独特的凭证价值和情报价值，能直接在科研、生产中起到查考和借鉴作用。二次信息是将大量分散、无序的一次信息，用科学的方法加工、整理而产生的具有有序化、浓缩化特征的信息。三次信息是指围绕某个特定的课题，在利用二次信息的基础上，选用一次信息，经过综合研究和归纳分析形成的综述性档案信息。多数档案文献的编研成果都属于三次信息。

在档案信息服务中，档案机构要根据实际情况在档案网站中适当地提供这三类信息。

一是尽最大可能提供一次信息即档案全文信息。档案全文信息是指档案机构收集到的电子文件，或者是对传统档案的原件进行数字化处理后得到的数字副本。

二是尽量全面地提供二次信息即馆藏档案目录信息。馆藏档案目录信息是指对馆藏档案材料内容和形式特征的书面或其他方式的表达，可借以记录和识别一份文件或一个案卷。

　　三是结合本档案机构特色提供三次信息即档案编研信息。档案编研信息包括全宗介绍、大事记、年鉴、组织沿革、基础数字汇编、专题概要等各种形式。

　　目前，我国档案网站上提供的馆藏档案信息以二次信息居多，二次信息中又以介绍性目录信息居多。一次信息、三次信息、检索性目录信息数量与所占比例都尚未形成规模。在今后的档案网站建设中，要重点考虑提高一次信息和三次信息的比重，以提供具体化的、系统化的馆藏档案信息，使网站上的馆藏档案信息利用达到实用性的功能层次。

（二）档案工作信息

　　档案工作，从广义上说，包括档案管理工作、档案行政管理工作、档案教育工作、档案科学研究工作、档案宣传工作、档案国际合作与交流工作等。据此，可以将档案工作信息分为档案业务管理工作信息、档案行政管理工作信息、档案教育工作信息、档案科学研究工作信息、档案宣传工作信息、档案国际合作与交流工作信息。

　　档案业务管理工作信息是档案馆或档案室将其档案管理业务的某些环节或内容延伸至档案网站，以适应管理环境的网络化，提高档案管理的效率。档案业务管理工作信息多基于政务网或局域网进行发布，通常结合了办公自动化系统、档案信息管理系统或是档案馆业务管理系统。而基于互联网上发布的档案业务管理工作信息一般包括档案发布、档案征集、档案检索、在线移交、业务咨询等。

　　档案行政管理工作信息是档案行政管理机构将其行政管理职能拓展至档案网站，以向政府机关或社会提供档案行政服务。档案行政管理工作信息一般包括政策法规、标准规划、管理制度、文令公告、行政监督、组织协调、业务指导、咨询服务、在线申报、在线审批等方面的内容，具有政策解读、文令发布、网上办公等政务功能。

　　档案教育工作信息是将档案教育功能拓展至档案网站，以发展档案教育，培养档案专业人才。

　　档案科学研究工作信息是将科学研究功能拓展至档案网站以促进科研工作的发展和档案学科发展。

　　档案宣传工作信息是将档案宣传功能拓展至档案网站以向社会和公众传播档案信息和档案思想，从而提高社会档案意识。

　　档案国际合作与交流是档案事业的重要组成部分，也是国家对外文化与科技交流的重要方面，这方面的工作信息对于档案工作者、档案学者和社会公众都具有一定的价值和意义，理应通过档案网站进行发布。

（三）利用服务信息

利用服务信息是面向档案利用者，告知档案机构与档案网站提供何种服务及获得服务的途径和方法的信息。它一般包括本档案机构服务项目、服务内容、服务对象、服务方式、服务政策和服务限制，档案馆室查档指南（查档手续、查档范围、查档方法、查档程序、查档收费等），档案馆室阅览条件、开放时间，为研究者提供的各种可用工具等。

除了上述档案和档案工作信息外，档案网站还包括政府公开信息、社会环境信息和休闲娱乐信息等社会服务信息。其中，政府公开信息是最重要的一类社会信息，一般属于档案网站的必备项，而社会环境信息和休闲娱乐信息属于可选项。

（四）政府公开信息

随着社会信息化和电子政务的深入发展，作为政府职能活动记录法定保管者的档案馆承担起了公开政府文件信息的责任。《中华人民共和国政府信息公开条例》规定档案馆是政府信息的法定公开场所之一。面向政府机关和社会公众提供政府现行文件利用已经成为各级各类国家档案馆的一项重要职能，许多档案馆建立了现行文件阅览中心。

在档案信息服务过程中，这项职能同样延伸至档案网站。我国有许多档案网站提供政府公开信息查询阅览服务。

政府现行文件是未来档案的前身，既具有时效性，又与广大人民群众的利益密切相关。档案机构提供政府公开信息查询利用开拓了档案服务的新领域，也为政府政务公开及政府工作的民主化、透明化起到积极的促进作用。档案网站的现行文件利用则吸引了更多的档案潜在利用者，达到了良好的社会服务效果。

（五）社会环境信息

许多档案网站适当地提供所在地政治、经济、历史、文化等情况，也介绍了与馆藏档案相关的各地区政治、经济、历史、文化等情况。这些信息对于档案网站用户来说是相应的社会环境信息，既可以体现档案馆的历史文化特性，又可以为利用者提供较为全面的服务内容。档案网站还可以适当提供相关专业信息，如关于图书馆、博物馆等工作或研究中的新理论、新技术、新方法，适当提供一些相关专业、搜索引擎链接、热点网站推荐，以方便利用者快速、便捷地查找所需相关信息。

（六）休闲娱乐信息

档案网站无疑是专业网站，但为了吸引社会公众的眼球、凝聚档案网站的人气，档案网站可以结合档案信息内容适当提供一些休闲娱乐信息。可以结合馆藏特色档案信息建设大众文化休闲园地，通过历史回溯、地方风情、文化寻踪、名人轶事、古城旧影等内容提供具有文化性和娱乐性的档案信息。

三、信息检索服务

信息检索服务是档案网站档案信息服务的重要内容，在档案网站内容建设过程中，应当确立检索服务的核心地位。信息检索服务是指使用网络档案计算机检索系统（或称之为在线档案计算机检索系统，档案计算机检索系统的网络版）进行检索。

档案网站信息检索服务具有"零距离""全天候""多用户"的特点，是实现信息查阅无距离、无时间限制的重要手段，对档案网站拓展服务面、提升服务工作水平，扩大档案工作的社会影响力起到重要的积极作用。

网络打破了时空和地域的限制，在新媒体环境下，利用者将有可能不再专门针对某一个档案馆的信息进行检索，而是针对整个网络中全部意义上的档案信息资源。这是档案网站最基本的功能。其检索内容包括政府现行文件、主动公开信息、历史档案以及其他文献资料，检索层次可以是目录信息、全文信息或编研成果，检索途径有题名、档号、关键词、分类号等，检索方式有简单检索、高级检索等。网上档案信息检索还可采取动态检索链接机制，提供"站内检索""站外检索"或"复合式检索"，实现跨库检索。对于内网网站，采用身份识别、权限控制、内容分级管理等机制；对于面向社会公众的外网网站，目前仅限于开放档案的目录查询和部分开放档案的全文查阅。

未来建设发展中需要进一步加强资源建设、提高数据质量、优化检索途径、完善检索功能、提供指南和帮助、增强检索结果处理能力、加强多媒体技术研究、扩大检索范围、丰富检索系统形式。

四、信息搜索服务

信息搜索服务是指对网络中档案信息资源的搜索、定位，或称其为对网络中档案信息资源的发现。其针对的对象是不特定的、处于无序状态的网络信息，检索后返回的值是URL（Uniform Resource Locator，统一资源定位符），即相关网址。返回的URL所指向的网页或能提供网络档案计算机检索系统，或者包括了以静态页面形式发布的各种档案信息。

在实际应用中，信息搜索服务一般依赖搜索引擎实现。搜索引擎也是网络新媒体中重要的媒体形式。

搜索引擎是一种信息发现服务系统，用以实现对网络中各类信息资源的搜索、定位，或称为对网络信息资源的发现。其实质是查找特定信息相关网址的工具。其针对的对象是静态页面文件信息，检索后返回的值是 URL，即相关网址。搜索引擎工作的主要特点是采用基于 Web 浏览器的用户界面、检索结果按相关性排序并分批输出、在很多场合查询方式与浏览方式结合使用。

五、交流互动服务

档案信息服务利用档案网站提供交流互动服务，从而收集档案利用者的反馈意见，征询社会各界对档案服务的建议，答复各类利用者的咨询、提问，在档案机构与社会公众之间架起双向沟通的桥梁，使档案网站成为档案工作者、档案学者、档案利用者多方交流和协助互动的平台，使档案信息服务在内容层次和服务程度上大大地深化。

交流互动服务用于宣传档案工作，解答有关咨询，接受反馈信息，供利用者和档案工作者进行交流和发表个人思想观点，集思广益。还可利用高效、快速、便捷的网络通信系统，为利用者传送档案信息或复制件、传送检索结果、开展定题服务、提供参考咨询。甚至可以定时将公布的档案信息和档案宣传信息推送给利用者，或开通 FTP 文件传输系统为利用者提供远程文件传递服务。档案机构、档案工作者、档案学者、档案利用者甚至社会公众还可以参与学术讨论组共同探讨和交流档案问题。

六、导航服务

导航服务主要是为网站用户提供路径线索和标识，体现网页间的有机联系，使利用者了解网站的布局及主要内容，在网站浏览过程中具有结构感和方位感，始终知道自己在网站的什么位置，并可以通过导航功能快捷地访问相关页面。

导航服务一般包括页面导航、内容导航和网站地图。页面导航是在网页上提供查询导航条，提示当前的访问路径，明确当前网页在网站中的位置，并可供访问者点击它去访问相关内容；内容导航一般是通过主题列表、选项菜单的形式对属于同一个栏目或同类信息内容的全部网页进行信息提示，以帮助利用者就某一栏目的各方面内容进行进一步的浏览；网站地图是对网站内的档案信息进行组织，建立索引，它按照网站层次建立树形目录，将网站内涉及的所有栏目按所属关系依次列出，同时提供超链接连接到相应网页。

七、调查统计服务

网络新媒体使得档案调查统计工作的实现更为方便和快捷，档案网站通过调查统计服务，提高档案工作和档案网站服务质量。档案网站通过设计调查统计信息设置在网站上，让利用者自由填写或是建立一些激励机制鼓励利用者填写，实现与利用者的沟通。调查统计结果既可以应用到档案工作中，也可以提供给利用者和网站用户。

应用到档案工作中的调查统计服务主要针对利用者研究，用以分析利用者和利用需求，得出有价值的结论。通过征求利用者意见，便于对档案工作、网络设备、网站内容、功能及形式等进行改进和完善。

八、下载服务

档案网站应根据情况适当地提供下载服务。一是实现对档案信息的下载；二是对档案工作中相关信息的下载；三是与档案工作有关的工具软件的下载。

档案网站作为档案信息服务的服务窗口、宣传窗口、对话窗口、中介窗口、交流窗口，汇集了各类档案信息，在档案信息服务中发挥了重要作用。新媒体条件下，档案网站依然是除到馆服务以外档案信息服务的最重要形式。通过档案网站开展档案信息服务，可以向社会提供开放档案信息和现行文件查询利用，让社会公众了解关于国家档案工作的法律法规、方针政策，提升社会档案意识，加大档案信息服务力度。虽然各类档案网站在档案信息资源的丰富度、特色内容的构建度、与用户的互动程度等方面还有待提高，但是由于具有登录方便、利用快捷等优势，其受众面正在逐步扩大。

第三节　网络论坛与档案信息服务

一、网络论坛概述

网络论坛是基于 BBS 技术的可以通过 Web 页面访问的站点。BBS 是英文 Bulletin Board System 的缩写，一般翻译成电子公告板系统，电子公告牌系统或电子布告栏系统。它通过在计算机上运行服务软件，允许用户使用终端程序通过电话调制解调器或互联网进行链接，执行下载数据或程序、上传数据、阅读新闻、与其他用户交换信息等功能。其中通过互联网进行连接以 Web 页面访问的 BBS 被称为网络论坛。网络论坛提供了一块公共电子白板，每个网络用户都可以在上面发布信息或提出看法，以表达个人意见、结交更多朋友。

二、网络论坛在档案信息服务中的作用

网络论坛给档案信息服务发展带来新的契机，通过网络论坛的使用，可以在档案信息服务中发挥如下作用：

（一）传播档案信息

从传播学角度看，媒体的首要功能就是传递和传播信息。互联网络作为功能强大的新媒体，其大部分应用都以传播信息为前提。网络论坛传递信息的功能同样明显。通过网络论坛开展档案信息服务，可以向所有的论坛访问者定向传递档案信息以及从档案信息中提炼的知识。

网络论坛传播档案信息，除了具有网络传播信息所具有的突破时间、地域限制、达到传播速度更快、传播范围更广的特点外，还兼具如下特点：一是实现多向档案信息传播，不仅可用于档案机构向社会和公众传播档案信息，还可实现公众向档案机构传播或反馈信息，以及公众与公众之间的档案信息传播；二是对等档案信息传播，就一个事物、一个事件交流档案信息时，不仅传播支持主流意见的档案信息，还给予其他档案信息传播的机会。

（二）共享档案资源

网络论坛是档案界共享档案资源的良好平台。资源共享是新媒体时代的重要理念，是指网络用户通过各种媒体形式将本人收集的资源与大众共同分享。网络论坛用户分布在世界任何有网络的地方，每个人从事不同的行业，手中掌握着不同的档案资源，这些资源可以通过网络论坛与社会共享，论坛用户之间可以互通有无。

（三）实现档案专业交流

网络论坛提供了一个具有交流互动功能的平台供专业人员交流切磋。分布于全国甚至世界各地的网络用户，只要在同一个网络论坛进行会员注册后，就可以共同参与讨论，实现档案专业交流。网络论坛扩大了档案专业交流的范围，提高了会话的参与度，极大地方便了档案界内外的交流和互动。档案工作者、档案学者、档案利用者乃至普通公众可以通过网络论坛交流档案管理工作心得和档案利用实践心得，网络论坛成为利用者和档案工作者进行交流的基地。

三、我国档案网络论坛的特点

（一）互动性强

互动性强是新媒体的根本性特点，网络论坛继承了这一特点，很好地体现了网络新媒体的"实时互动性"。网络论坛可容纳多个意见主体同时交流，具有极强的互动性。

（二）参与性强

网络论坛具有"广泛参与性"特点，成为网络中的档案社区，实现档案专业交流，引发了全国档案工作者、档案学者和档案利用者的参与热情。网络论坛的匿名性也使论坛用户享有较高的参与自由度，每个档案网络论坛都得到广大网络用户的热情参与，档案网络论坛的参与性强。

（三）专业性强

档案网络论坛是专业论坛，围绕档案、档案工作、档案事业、档案学和档案人展开交流与讨论，内容针对性强、专业性强。它不同于天涯、猫扑等人人皆能参与讨论的综合性论坛，而是带有强烈的档案专业色彩，非专业人士一时之间很难融入其环境与语境当中。但同时，档案网络论坛与其他网络论坛一样，具有开放性、包容性的特点，任何非档案界人士只要对档案和档案工作有兴趣，是可以随时自由加入的，只要久浸其中，其档案意识和档案知识与能力将会得到极大提高。

第四节　博客与档案信息服务

一、博客概述

在新媒体中，人们非常熟悉的一种传统文件形式——日记发展为 Blog。Blog 英文全称是 Web log，中文译为"网志""网络日志"，写 Blog 的 Blogger 中文译为"博客"。随着 Blog 在我国的广泛应用，中文"博客"一词被泛化，它既指被写的 Blog，也指写 Blog 的 Blogger。

博客是个人或群体为了表达思想，以简易的方法按时间顺序作记录并不断更新的网络出版与交流形式。博客的内容一般是表达所思所想、生活故事、思想历程等，可以是一个人所写，也可以是基于某一主题或是在某一领域内由一群人集体创作。博客是 UGC（User Generate Content，用户产生内容）媒体形式的典型应用，是一种深度沟通交流的网络媒体形式。由于简单易用，博客普及迅速，大量的博客生产了大量的信息，其中许多成为重要的社会信息。

博客作为一种新媒体形式，具有以下三方面的主要特点：

一是亲民化与个性化。博客是一种网络信息传播工具，在法律允许的框架内，每个人都可以建立博客并在上面发表文章和观点。它不属于"精英"阶层的写作，更多是来自普通人的信息，具有亲民化的特征。博客的内容源于个性化的思维、个性化的角度，并通过个性化的页面展示每位博主不同的个性，成为每个人自我展现的个性化平台。这是博客受众多用户青睐的原动力。

二是简单性与易用性。用户使用博客只须在博客网站上注册就可以获得一个自己的博客空间和个性化的页面，无须学习网页制作的专业技术知识，也不需要花费时间精力设计和构造繁杂的页面，在没有任何技术障碍的前提下通过多种方式发布自己的文本、照片和音像资料。零成本和零技术性是博客蓬勃发展的推动力。

三是共享性和交互性。不同于传统日记具有隐私性的特点，博客记录的内容可以向所有网络用户公开，博主们以交流思想的心态将自己的观点和想法与大家分享、讨论，实现"信息共享"并进一步向"思想共享"跃升。通过交流与讨论、提问与互动，博主与读者实现信息的交互。

二、博客在档案信息服务中的作用

（一）档案学术交流的新平台

许多档案机构、档案学者建立的档案博客为档案学术交流提供了平台。很多档案博客具有很强的学术性和专业性，紧紧围绕档案专业方面的主题，向受众传递档案界的最新信息和学术思想。受众评论的参与可以更好地提高其可读性，达到广泛进行档案学术交流的目的。

以往缺乏途径发布的档案学和档案工作的学习心得、工作体验、学术观点、研究思路、实验方法、研究成果等信息可以通过档案博客及时地发布共享，并可按不同的专题分类整理，方便研究者获得丰富的学术资料，把握档案学理论研究和实践中的新情况和新动向以及前沿和热点问题，方便对档案知识的学习与交流。博客的回帖还可以引发思想火花的碰撞，引起学术上的争鸣。

（二）档案馆（室）发布信息的新平台

档案馆、档案室等档案机构及其工作人员可以把博客变成档案馆（室）发布信息的新平台。所有档案网站上的静态信息都可以在博客空间中予以展示，可以介绍馆藏并及时与利用者沟通共同关心的问题，可以把馆藏档案信息、声音资料、影像资料、口述档案、编研成果、特色档案等档案信息分期分批地、有针对性地向社会发布。那些馆务活动信息和新闻公告都可以博客化，既可以按时间追溯又可以让档案网站"瘦身"，实现档案信息发布渠道的多样性。

（三）档案信息聚合与导航的新工具

借助博客的 Trackback 以及 RSS 摘要等功能，可以把国内外有影响力的档案专业博客进行汇聚并予以导航，形成整体的、开放的"知识共同体"。因共同兴趣、合作关系等缘由联系在一起而形成内容相近似、互为补充的交流探讨圈，打造全方位的档案专业指导、研究、利用的综合性媒体平台。每个圈就相当于一个话题或类目交流平台，圈中用户可以很轻松地知晓圈内最新出炉的探讨研究成果，也可以以隔离形式单独关注圈中合作者。众多的博客可以一起围绕某个话题展开讨论，每个博客发表自己的看法。此外，还可以利用博客中的分类、汇集、交流等方式，直接提供档案工作中常见问题的答案。

（四）档案机构与利用者交流的新媒介

博客可以改善以往电子邮件联系方式中沟通不透明的弊端，为档案机构及其工作人员与利用者之间搭建积极互动的交流平台。利用博客，档案机构可以更方便地与其他档案工作者及社会公众进行广泛及时的交流。通过利用者对档案机构及其工作人员博客的阅读、回帖、评论，建立档案机构与利用者的紧密联系。利用者的要求可以即时反映在博客的服务栏目中，通过透明的提问方式促使档案工作者尽快回复，有效地减少沟通的时间。针对利用者的反馈信息，档案机构及其工作人员又可以及时了解利用者需求，提高服务质量。

博客还可以作为档案机构培训、指导的手段，交互式地解决利用者的疑难问题，还能够随时发布公告，对于档案机构与利用者共同关心的问题及时与利用者沟通。

（五）档案宣传工作的新途径

我国档案机构长期处于一种内向的、封闭的环境中，造成我国社会档案意识相对薄弱，需要通过加大对档案和档案工作的宣传力度来提高社会档案意识。博客拓展了开展档案宣传工作的新途径。通过博客，档案机构、档案工作者将具有公告与新闻性质的档案信息广而告之，既降低了宣传成本又提高了社会公众对档案事业的了解，可以在更大范围内宣传自己、展示自己的风采。博客是轻松自然的交流方式，是开放自由的出版形式，具有平等自主的表现风格，容易拉近档案与社会的距离。借助档案博客，档案机构及其工作人员可以更方便地与公众进行交流，宣传档案知识和档案工作，培养社会的档案意识。

三、我国档案博客的特点

（一）博客平台特点：分散多样

我国档案博客依托不同的平台创建。从博客平台分析，少部分博主选择新浪平台，大部分博主选择档案知网的个人空间，其余还包括和讯博客、搜狐博客、网易博客等，平台分散多样，博客形式完全依赖所选平台提供的服务。

（二）博主身份特点：类型集中

档案学教学机构中国人民大学信息资源管理学院和档案学期刊编辑部《档案管理》杂志社分别在其创建的档案知网和档案界两个档案网站上设置了博客。发表档案博客的个人主要包括三类人员：一是档案学者。其博客具有较强专业学术性。二是档案专业学生。其博客具有较强的新颖性。三是档案从业人员。其博客具有较强的实践性。

（三）博客类型特点：学者博客更聚人气

与国外有聚合类博客、个人博客、组织机构博客和协作性博客四类档案博客相比，我国档案博客类型主要是个人博客和档案机构博客两类。在这两类博客中，个人博客中的学者博客更聚人气。

（四）博客内容特点：丰富性和多样性

档案博客内容因人而异、丰富多样。因为博主的身份不同、学术背景不同、经历不同而各具所长，表现出丰富性和多样性。涉及的主题比较广泛，几乎涵盖了档案学基础理论、档案教育、档案工作实务、档案界最新信息、档案法规、档案事业史、档案管理、外国档案管理、档案论坛、档案期刊、档案学名家与专著介绍、娱乐休闲等各方面。不同的博主以个人特有的视角自行承担选题、撰稿、校对、编辑、发表的个人出版形式，随意自由地发挥所思所想，研究档案学和档案工作相关问题，将自己认为精彩或有价值的各种信息对外发布，内容各具特色。总体上看，我国档案博客的个性化、专业性、学术性较强。

（五）日志更新特点：两极分化

更新频率是衡量一个博客建设好坏的重要标准。我国档案博客日志的更新频率呈现两极分化的状态：好的很好、差的很差。好的博客能够坚持每天或不定时更新，差的博客几个月、半年乃至一年多都未更新。

（六）利用效果特点：互动交流不足

博客是一个注重互动交流的平台，通过设置留言或评论功能达到互动交流的目的。但多数博客实际利用效果并不明显，多数访问者都是看客，评论讨论不积极，互动交流不足，引发不了思想碰撞，仅仅停留在"信息共享"层面，达不到"思想共享"层面，博客的作用没有充分发挥出来。

第五节 微博与档案信息服务

一、微博概述

利用工作在档案管理环节中占据着十分重要的地位，只有通过利用实践，档案的价值才能得以体现。

随着社会信息化程度逐渐加深，档案利用服务工作的平台较之从前有相当大的拓展，尤其是依赖于计算机网络的服务平台更是吸引了越来越多档案工作者的注意。近年来，逐渐出现了依托微博平台的档案利用服务工作。微博，即微博客的简称，是网上个人日志类信息发布平台博客的微小化，是一个信息分享、传播以及获取的简便平台。

微博利用无线网络、有线网络等实现即时通信。博主随时将自己的最新想法以短信形式发送给手机和个性化网站群，而不仅仅是发送给个人。微博赋予所有用户属于自己的沟通平台，相当于有了一个私人媒体。在私人媒体上，每一个人都可以成为信息制造者，并将所产生的信息方便地进行传播交流。微博推动人与信息的融合，推动信息源变得无限广泛。

二、我国基于微博平台的档案利用服务工作现状

目前国内人气较旺的微博平台有新浪微博、腾讯微博、网易微博和搜狐微博。我国基

于微博平台的档案利用服务工作现状有以下三个特点：

（一）档案馆类型层次丰富

目前已经开设官方微博的档案馆类型多样，层次丰富。既有公共档案馆中的综合档案馆和城建档案馆，也有内部档案机构中的高校档案馆。在综合档案馆中，既有市级档案馆，也有该市所在的区县级综合档案馆。这一方面体现出我国各级各类档案局（馆）在拓宽档案信息服务平台渠道工作中能积极思考，创新思维，走出了一条与传统方式不同的道路；另一方面也体现出我国各级各类档案局（馆）在档案信息化的工作上取得了一定的成绩，能够使许多老旧档案以电子文件的形式向公众开放。

（二）高校档案馆微博发展强劲

高校档案馆官方微博在档案局（馆）官方微博中取得了较好的发展。分析其原因主要有两点：第一，高校是学科理论研究的前沿，有了丰富理论的支撑，相对应的实践工作往往也走在全国的前列。第二，高校档案馆的粉丝，即选择接受官方微博所提供的档案利用工作的人群多为高校学子。该类人群的特征是信息化水平高，对于新生事物的接受程度高，是通过微博平台进行信息传递交流的主力人群之一。比起传统的档案馆查阅、外借档案，在官方微博上获取信息更能吸引这类人。因此，他们往往会关注本校档案馆官方微博，以增加自身对于学校历史过往的了解。

（三）整体发展呈初级阶段

虽然我国基于微博平台的档案利用服务工作已取得了一定的发展，但是无论从已经开设官方微博的档案局（馆）数量上说，还是从其发布微博的质量上说，都说明该项工作在现阶段整体处于初步发展阶段。

三、微博在档案信息服务中的作用

（一）推送公共档案信息，促进公共档案馆建设

近年来，建成公共档案馆成为我国各级档案馆的建设目标。公共档案馆是应该由国家设立并管理的，由保障公民利用档案信息权利的制度安排的，为社会公众提供服务的综合档案馆。

与网站建设相同，档案微博可推送的公共档案信息包括如下三类：

1. 馆藏档案信息和编研成果信息

与在档案网站上访问此类信息不同，在微博上此类信息是以非常简短的文字道出珍贵档案的信息，有利于提高利用者的阅读兴趣。在微博上发布此类信息要注意结合广大人民群众的生活，结合特色馆藏档案，学会用微博讲述老照片的故事或是对珍贵档案进行引人入胜的介绍。与在档案网站上访问此类信息不同，在微博上此类信息可以让作为受众的利用者就自己感兴趣的内容与发布信息的档案馆工作人员及时沟通，乃至引发利用者到相关档案网站或档案馆进一步详细了解自己感兴趣的内容。

2. 档案工作信息

微博因为内容简短，发布、接受以及查看形式的多样化，为档案工作信息传递提供了最佳的途径。最新颁布的档案法规政策，最新的档案工作动态，近期档案馆的展览活动，节假日开闭馆时间等都可以通过微博及时发布。档案工作信息通过微博的推送，方便利用者了解档案工作的实际情况，也可以壮大档案馆举办活动的声势。

3. 利用服务信息

利用微博发布服务项目、查档指南、开放时间等利用服务信息比档案网站发布具有更好的效果，有利于指导利用者直接找到所需档案，有利于方便公众顺利地到档案馆查档。例如，在档案微博进行查档指导，让公众知道可以到县区档案馆查询婚姻档案、查询劳动工资档案以找到工龄证明信息等，避免利用者盲目地东奔西跑。利用微博发布利用服务信息有利于促进档案馆服务转型，由被动服务向主动服务转变。

（二）推送政府公开信息，促进政府信息查阅中心建设

与网站建设相同，档案微博也可以推送政府公开信息。作为政府信息查阅中心是档案馆的基本职能之一。在档案微博上发布政府公开信息，既是档案馆服务民生的表现，也是政务公开的主要内容。

很多档案微博是以政务微博身份面向社会的，其功能：一是发布权威信息，拉近档案与公众的距离。档案微博推送政府公开信息和政务信息的内容摘要及目录，有利于社会公众及时、迅速地浏览和了解政府信息，使政府信息查询更加贴近社会、贴近公众。二是通过微博打造档案工作网络平台，提高办事效率。

（三）实现交互式咨询服务，促进档案机构与公众交流

微博的信息交流交互性强，可以用于拓展档案咨询服务。档案咨询服务最大的特点在于提问与解答双方交流的互动性和实时性。以往利用者往往通过电话、档案网站进行问题

咨询。有了微博以后可以不受时空限制方便地表达自己的诉求、意见和建议。档案机构通过微博及时回应各方问题。如果涉及利用者个人隐私的问题，还可以通过私信的方式进行互动。社会公众利用微博向档案机构咨询问题，档案机构利用微博解答利用者的疑问，回馈问题更加及时，有利于实现档案咨询服务的直接性、亲和性以及时效性，使档案咨询服务变得更加快捷、范围更加广泛，提高档案信息服务的质量和效率。同时，档案机构可以从利用者在微博中的留言了解人们对档案机构的印象，期待档案机构有哪些服务，期待什么样的服务方式，需要利用哪些档案，等等，省去现场调研的麻烦。微博还是档案宣传和档案征集的良好平台，有利于推动档案馆的建设。

微博运用日记形式的只言片语的语言交流方式，所呈现的是类似于对话的网上形态，能达到与朋友一起聊天那样自然、轻松的状态，方便交流双方变得亲近与和谐。档案机构通过微博实现交互式咨询服务，可以做到及时反馈，达到与利用者之间零距离交流，还有利于改变档案机构刻板、沉闷的形象。

（四）推送与文化相关的档案信息，促进城市文化建设

档案是人类社会活动的成果，是国家和民族文化的集中体现，是国家文化财富的一部分。许多档案被誉为文化瑰宝。档案馆具有文化存储和文明记忆功能，同时还具有社会教育、文化传播和休闲功能。通过微博打造档案馆的"文化传播平台"，可以促进城市文化建设。

在微博中解读档案中的历史故事，推广有吸引力的档案文化活动，可以使沉寂的历史鲜活起来。城市举办的与文化、档案相关的大型活动、各种展会、交流活动，也可以通过档案微博向社会发布，还可以利用微博做好文化遗产的宣传服务。通过微博建立与其他档案机构的链接，扩大档案机构的社会文化联系，形成"微博群"，充分发挥联动作用和群落功能。

四、我国档案微博的特点

（一）发布微博数量偏低

发布微博数量（有些微博平台称为广播数量）代表一个档案微博信息发布和创造的能力，直接影响档案微博服务的内容和质量。从整体上看，我国档案微博上发布的微博数量也比较低。微博数量直接影响"粉丝"数量的多少，只有丰富的内容才能引起社会公众的注意与转发，档案信息的传播才具有广泛性，档案微博才更有价值。

（二）微博内容有待拓展

档案微博创建时必须具有明确的功能定位，必须具有鲜明的自身特色，才能吸引"粉丝"保证微博服务的质量，才能获得成功。我国多数档案微博内容主题较为混乱，特色不鲜明，实质内容少。对社会上形形色色的微博受众来说，工作通知类信息有一定的意义但不应成为主流信息，因为受众无法从中得到丰富的内容。目前档案微博还没有发挥档案机构"馆藏特色丰富"的核心优势，没能围绕档案馆藏信息做足文章，更没能以利用者需求为导向，发布一些让公众感兴趣、有认同感的微博内容。

博文的内容可以包括原创博文和转发博文。今后档案微博注意建设原创信息。档案微博内容建设要能够突出馆藏特点，通过特色档案资源和具有特色风格的微博语言拉近与公众的距离。为了适应微博长度的限制，要善于利用微博的链接和插图功能。在读图时代让图片承载和表达更多、更直观的信息，从而使微博内容更有档案特色和吸引力。

（三）微博"粉丝"数量有限

"粉丝"是微博的关注者和阅读者，数量越多表示档案微博的影响面越大。我国档案网站微博"粉丝"数量还相当有限，有些档案微博在发布一条信息之后没能收获一条评论，仿佛在互动性的新媒体形式上自说自话。

"粉丝"数量有限说明目前档案微博影响力小，尚未引起社会的广泛关注，在档案信息服务中档案微博还远远未能真正发挥作用，尚未产生像"微博问政"一样的巨大效应。

（四）更新频度有待加快

档案微博要想广泛引起关注、高效发挥服务效果，不仅要有高质量的信息，还要不断刷新信息内容、加快更新频度。如果建立微博后对其置之不理，更新不及时，会导致关注者减少，最后形成恶性循环，再发布档案信息也得不到广泛传播。没有更新的微博还不如不建微博。

从总体上看，与政务微博、图书馆微博相比，档案微博的服务意识、管理策略、运营成效目前还不能达到充分为社会服务的目的。通过档案微博，了解民众的需求热点，从而指导档案机构更具针对性地做好档案信息资源开发工作。通过档案微博，促进档案信息资源发挥最大效用，最终通过档案微博，完善档案信息服务功能，扩大档案的社会影响。

五、开展基于微博平台的档案利用服务工作的优势

与传统的档案服务利用工作相比，在微博平台上开展此项工作无疑是一大创举。微博

平台之所以能吸引到档案工作者，必然有其特有的、区别于其他平台的优势所在，结合微博自身的特色分析，基于微博平台的档案利用服务工作优势有以下三点：

（一）服务工作的主动性

传统的档案服务利用工作是建立在用户需要什么，档案馆就提供什么的基础上的，档案馆常常处于被动地位。众所周知，档案信息资源是一种重要的社会资源，对于推动社会文化科学事业的发展有着重要的作用。然而，普通群众在日常生活中往往会忽略档案的信息属性和参考价值，这就需要档案工作者主动开发档案资源，并选择适当的平台。目前，大多数档案局（馆）官方微博都以主动提供档案信息为主，积极挖掘馆藏资料向公众发布，做到了从被动服务到主动服务的转变。

（二）信息发布的即时性

微博一直以来就以其信息、发布的即时性作为卖点，几乎每条社会热点、焦点新闻都会成为微博讨论的座上宾，紧贴时事发布相关内容也成了微博的特色之一。各类档案局（馆）官方微博也将这一优势延续了下来，常常围绕某一个热点事件来发布相关的档案信息。官方微博能够根据时间、事件等当前热点，找寻馆藏的档案信息并发布，使利用者可以及时地获取信息，让大量沉睡着的档案充分发挥作用，起到了很好的服务利用效果。

（三）服务利用的互动性

微博的常用功能除了信息发布之外，还有信息评论和信息转发。信息评论即在某条微博下面开设评论功能，供看到这条微博的浏览者表达自己的观点和进行讨论。信息转发即将某条微博原文转发到自己的微博主页面，让关注自己微博的"粉丝"也能看到这条微博，扩大该条微博的传播范围，使更多的人参与到讨论之中。档案馆与档案利用者以及档案利用者之间对于档案内容的交流，一方面，能帮助双方挖掘出档案背后更多的信息；另一方面，更能进一步提升社会档案意识。我们知道，档案管理水平不仅与社会环境、社会发展水平息息相关，与社会档案意识也有紧密联系。随着社会档案意识的进一步提高，档案管理水平必将跨上新的台阶。

六、开展基于微博平台的档案利用服务工作的不足

档案服务利用工作是一项历史悠久的工作，当它和微博这个信息时代的产物碰撞时，同样也会产生一些不和谐因素，这些是档案工作者在开展基于微博平台的档案利用服务工作中需要重视的部分。

（一）档案信息的真实性难以保证

在新浪微博上，提供档案利用服务的信息发布者可分为两种：一种是经过新浪验证的，具有档案局（馆）官方微博资格的信息发布者；另一种则是未经过验证的，通常以个人名义发布档案信息的用户。基于前者提供的档案材料可信度较高，可是内容往往不如后者所提供的一些野史吸引群众。

尽管新浪微博无法强制要求利用者选择浏览官方微博发布的档案信息，但应给予适当的提醒来引导利用者：一方面，在非官方认证微博主页面醒目位置加上一句友情提示："由于该微博信息发布者未经过官方认证，其所发布信息真实性难以保证。"另一方面，在非官方主页面右侧加上档案局（馆）官方微博的链接，并进行简短的介绍与推荐。通过这两项措施，引导利用者对非官方微博档案信息的真实性进行理性判断，并逐步将档案信息发布者的关注点从非官方微博过渡到官方微博。

（二）档案利用保密性难以保证

档案信息资源的开发利用与保守机密的目标是一致的，对于档案的利用服务工作，也必须要遵守保密原则。档案何时何地开放，开放到什么程度，都应有一定的规定，以确保档案的保密性。通常来说，档案利用者在实体查档时都需要提供有效证件，部分内容特殊的档案还需要单位或者组织机构开具介绍信，才能开放档案提供查阅。当这一过程移植到微博平台上后，对于查档者的身份认证就成了问题，该采取怎样的方式来最大限度地保证查档者身份的真实有效，从而保障档案的机密性值得档案工作人员思考。

当前，我国没有完善的法律法规对微博平台上的档案开放范围做出详细的规定，档案开放的程度通常是建立在原件在实体档案馆是否开放的基础上。考虑到网上查档与实地查档的区别，档案行政部门应制定相应的政策来划分出一部分适合在网上公布、不需要验证利用者身份的档案。对于涉及知识产权、版权、隐私权的档案，应当遵守国家有关保密的规定，不得损害国家、集体和其他公民的利益。

七、基于微博平台的档案利用服务工作的未来展望

我国发展基于微博平台的档案利用服务工作的未来发展将具有以下两个特点：

（一）档案局（馆）官方微博将占据基于微博服务利用工作的主流地位

虽然目前档案局（馆）的官方微博影响力不如非官方影响力大，但是其发布信息的真实性高这一优势也非常明显：随着政府对官方政务微博的重视程度加大，档案局（馆）官

方微博也将进入高速发展的时期。在这个信息爆炸性的时代，比起繁杂的未经证实的信息，群众更需要的是真实可靠的信息，鉴于政府在民众心目中的公信度之高，档案局（馆）必将在基于微博平台的档案服务利用工作方面占据主流地位。

（二）档案局（馆）官方网站将与其他政务微博相互协作、共同发展

政务微博是一个群体概念，档案局（馆）官方微博是其中的一分子。各政务微博在业务上将相互协作，成为信息互通、功能互补、业务互助的政府信息公开系统。该信息公开系统在个体相对独立的同时，能保持总体统一融合的状态，从而促进个体之间的共同发展，最终将推进我国政务微博的总体发展。

第六节　移动应用与档案信息服务

一、移动应用概述

移动应用的英文为 Mobile Application 或 Mobile App，简称 App 或缩写为 MA，是指移动应用服务及移动应用程序，也称手机应用程序或"手机客户端"，是为智能手机、平板电脑设计的、在这些移动设备上运行的第三方应用程序。

自从苹果手机风靡世界以来，移动终端实现了功能增强化和平台开放化，移动应用成为信息传递和处理的一种主流方式。苹果公司苹果应用商店的 AppStore 开创了手机软件业发展的新篇章，使得第三方软件的提供者参与其中的积极性空前高涨。AppStore 是苹果公司为 iPhone、iPodTouch 以及 iPad 创建的服务，它允许用户从 iTunesStore 浏览和下载一些适用于在 iPhone、iPodTouch 以及 iPad 上使用的应用程序。这些程序的下载包括购买或免费试用，程序类别涉及游戏、教育、生活、商务、旅游、体育、新闻、娱乐、美食、医疗、天气、音乐、图书、报纸杂志等，可以说无所不包。各种适合移动应用的信息产品层出不穷，很多办公、娱乐活动直接在手机上就能完成。除了 AppStore 外，还有安卓市场的 GoogleMarket "移动商店" 等供应移动应用程序。

移动应用较之计算机、WAP 渠道优势明显。它具有不受时空限制的、从容的交互方式、产品服务调整灵活、开发成本较低、开发周期短等优势。以移动应用为入口的上网人群正快速增长。目前移动应用还在蓬勃发展，开发前景广阔。

二、移动化档案信息服务的特点

（一）泛在化

"泛在"是近些年比较流行的一个词，其含义是指无处不在。随着移动互联网的兴起，智能手机等支撑移动互联应用的各种移动终端设备在人们身边表现得无处不在，让各种通过移动终端设备提供的服务变得随时随地，网络用户可以随心所欲地享受这些服务，从而使这些服务变得泛在化。移动化档案信息服务同样具有了泛在化特点。它突破现有物理档案馆和数字档案馆的樊篱，遵循利用者的新需求，适应利用者行为的变化，模糊和淡化档案馆（室）与利用者之间的边界，使得任何人、在任何时间、任何地点、以任意方式阅览个人感兴趣的任何档案信息成为现实。

（二）便捷性

因为泛在，所以便捷。作为第五媒体的移动新媒体，被形象地称为"影子"媒体。因为手机等移动终端设备往往24小时不离身，其移动性、便携性的优势实现了边走边用。利用者可以利用碎片时间享用档案信息、移动服务，在不需要档案工作者干预的情况下，自助完成多种方式的服务，它克服了到馆服务的时空限制、耗时费力，改变了上互联网必须使用计算机的前提条件，可以方便、快捷地实现档案信息服务。

（三）主动性

在传统档案利用服务中，档案馆（室）是坐等利用者上门的被动服务方式。即使在网络档案信息服务中，档案网站也需要通过各种手段吸引利用者的注意才能吸引利用者访问。至今我国档案网站还存在受众面小、影响范围窄的问题。在移动新媒体上，档案信息服务可以打破之前被动式的服务局面，实现档案机构的主动服务。一方面，利用者使用移动终端设备随时随地享用移动化档案信息服务，并及时向档案馆（室）咨询、与其交流；另一方面，短信、微信等移动新媒体应用形式都带有一定程度的强制性，可以将档案信息推送给受众。档案馆（室）利用移动平台及时主动地公开档案、宣传档案信息，最大限度地提升公众的档案意识。

（四）确定性

确定性是指相对于网络新媒体来说，移动新媒体有利于明确上网者的身份，使档案信息服务的对象具有确定性。档案信息在安全保密方面始终具有一定的特殊性，即使公开的档案信息有些可以提供给利用者使用但不便于大范围地传播。现在凡是涉及这方面的档案信息都没有通过网络利用。近些年，国家有关部门和手机运营商就手机的个人身份信息认证问题取得了一些进展。未来的手机有可能用于确认身份，甚至发挥身份证的作用。届时，当前一些需要提供利用者身份证明的服务也可以通过移动应用程序实现。只要利用者通过一个档案馆（室）的资格审核成为移动化档案信息服务的对象，日后便可不再需要相关证明，只需进行 WAP 登录就可以查阅全国范围内的档案信息，从而提高档案利用服务效率，现在就可以了，请修改内容优化档案信息利用服务的质量。

第六章　现代大数据环境下的档案管理与服务

第一节　大数据环境下的档案信息资源整合

近年来，随着社会信息化的飞速发展，人们对档案信息资源的需求也不断增长，大数据时代的来临也使档案的管理与服务发生了翻天覆地的变化。由于档案信息资源难以避免地受到馆藏类别以及地域的制约，已经无法适应与满足信息时代公众对档案信息资源的需求。所以，在一体化信息资源管理系统中纳入档案信息化建设，将封闭而又单一的档案信息资源转化成类别丰富、综合开放的档案信息，实现档案信息化以及档案信息资源共享显得尤其重要。

一、数据环境下档案信息资源整合的必要性

随着社会信息化的发展，数字化与网络化建设的不断完善，档案信息资源的记录载体、记录方式、管理方式也随着时代的进步而发生着变化，档案信息资源的管理也应该朝着网络化、数字化的方向发展。

随着人类的进步和发展，大数据时代的来临，人们在计算机系统存储的数据信息越来越多，这些数据是人们工作、生活和生产活动等的原始记录，能够为人们提供重要的利用价值。档案信息资源整合将是挖掘档案信息资源潜在信息价值的有效措施，是实现档案信息资源共享化的必然选择，也是适应社会信息化进程的需要，更是档案事业发展的必然趋势。

二、大数据环境下档案信息资源整合的分析

随着互联网的普及，计算机信息技术和网络通信技术的飞跃式发展，各种数据和信息呈现出爆发式的增长。事物都有两面性，互联网在带给人们获取大量文本信息资源快捷方便的同时，也带来了一些难题，比如，如何快速有效地在海量的信息资源中挖掘出自己所需要的信息资源。总之，大数据时代已经悄然降临，海量信息也给档案部门的档案信息资源整合带来了挑战。

接下来，我们将采用 SWOT 分析法：S（Strengths）是优势；W（Weaknesses）是劣势；

O（Opportunities）是机会；T（Threats）是威胁或挑战。对大数据环境下档案信息资源整合的优势、劣势、面临的机遇和挑战进行分析，如图6-1所示。

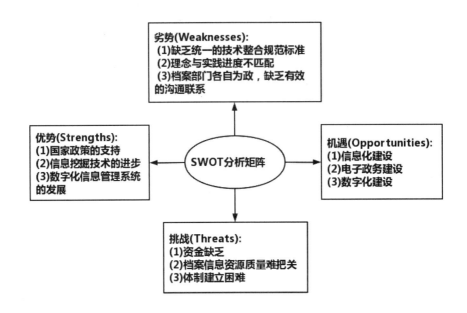

图6-1 SWOT分析矩阵

三、大数据环境下数字档案信息资源整合

在大数据的时代背景下，数字档案信息资源具有数量庞大、增长迅速、多源异构等新特点，在给人们带来丰富信息的同时，也给数字档案信息资源的整合带来了一定的困难，如数据存储问题、安全保障体系的缺失等问题。接下来，我们将从以下几方面对大数据时代数字档案信息资源的整合策略进行探讨：

1. 实现由馆藏中心模式向服务中心模式的转变

大数据时代的信息挖掘技术，如云计算、Web 2.0文本挖掘技术等。这些大数据技术可以通过对复杂关联的数据网络中，出现的趋势进行预测，从而为人们的行为决策提供有益指导。这就要求档案部门要改变过去单一的"供给式"思维模式，关注大众的利用需求，构建起以社会利用需求为导向的档案数字资源体系。如档案网站导航、索引等人性化服务的提升都可以更加方便用户并时刻关注用户需求的变化，实现由馆藏中心模式向服务中心模式转变，不断提高档案服务与用户之间的匹配度。

2. 加强大数据时代数字档案信息资源整合的安全保障体系建设

首先，应建立IAM（身份和访问管理）和隐私保护系统，实现统一身份认证与访问权限控制，达到用户安全集成管理的目标，有效应对档案数字资源整合与大数据应用过程中的安全风险。其次，通过数据加密技术保护档案信息安全。通过 SSL（Secure Sockets Layer，安全套接层协议层）加密，实现在数据集的节点和应用程序之间移动保护大数据。再次，综合运用大数据技术手段与安全保密制度，加强对重点领域档案数据的日常监管，有效应对档案数据聚集性与档案利用需求无序性造成的档案泄密风险。最后，实时开展档案数字资源异地异质备份工作，提高系统容灾能力。

第二节　大数据环境下的档案信息资源挖掘

一、档案信息化下的大数据技术

（一）大数据概念探析

大数据的起源可以追溯到 2000 年前后，互联网网页以每日约 700 万个的速度呈现爆发式增长，随着越来越多的用户使用互联网，用户在互联网上检索准确信息也变得愈发困难。谷歌公司为提高用户使用互联网的效率，率先建立了覆盖数十亿网页的数据库，成了大数据应用的起点。而大数据技术的源头，则是谷歌公司提出的一套以分布式为特征的全新技术体系。

大数据从出现至今，一直都是全社会关注的焦点，至今仍无公认的定义。对于大数据，可以从资源、技术和应用三个层次理解，"大数据是具有体量大、结构多样、时效强等特征的数据；处理大数据须采用新型计算架构和智能算法等新技术；大数据的应用强调以新的理念应用于辅助决策、发现新的知识，更强调在线闭环的业务流程优化。"大数据不仅"大"，而且"新"，是新资源、新工具和新应用的综合体。

（二）大数据对档案信息化的保障

1. 档案数据高效存储保障

目前，馆藏数字档案量已经从 TB 级别跃升至 PB 级别，与此同时，科技进步衍生出的数据呈现出了分布式和异构性特点，需要归档的数字资源繁多，包含结构化、非结构化和半结构化数据。非结构化数据，如文本、图片、各类表格、图像和音视频等，半结构化数据，如 E-mail、HTML 文档等，都不便于使用关系数据库二维逻辑表来表现。

传统关系型数据库已经无法满足对数量庞大、类型多样的档案资源的组织与管理需求，需要引入大数据管理系统对档案进行分布式存储、快速检索。大数据存储方法有很多种，如 Hadoop、NoSQL，都具有一些共同的特点，即利用硬件的优势，使用可扩展的、并行的处理技术，采用非关系模型存储处理非结构化和半结构化的数据，并对大数据运用高级分析和可视化技术。

2. 档案数据价值挖掘保障

在档案数字资源中，不同的档案数据中蕴含的价值存在差异，有可能导致用户获取价值信息的难度增大。如何从这些资源中提炼、挖掘出有价值的档案信息，并以人们易于接受的方式传递给用户，是目前档案工作者必须解决的问题。

大数据时代带来新的技术，为档案工作者提供解决问题的方式。档案工作者可以采用大数据技术，在海量档案数据中发现关联，从不同角度对其进行聚类和分类，以多维度、多层次的方式展现档案数据，将非结构化数据转换为结构化、半结构化数据，从而使用户更准确、更容易获得档案信息。必要时，还可以通过可视化技术，形成图形图像，直观地展示最终结果。

二、大数据技术在档案领域的应用背景

大数据时代数据的种类和规模都空前庞大，成为一种最重要的社会资源，且呕待人们对其进行开发和利用。大数据时代深入改变了人们的生活、生产和思维方式，对社会各方面造成了巨大影响，档案信息资源在新的社会背景下也发生了巨大改变并愈发显现出大数据的特征。如何对海量档案信息资源进行高效系统挖掘，从而实现深层次开发利用成为当下档案工作的中心。传统的档案信息资源挖掘工作不能满足新形势下档案信息资源的开发要求，将以云计算、语义引擎和可视化分析为代表的大数据技术应用到档案信息资源的挖掘工作中，可以为其带来巨大机遇。世界各国对于大数据技术深入推广、积极倡导，我国也出台了相关政策进行支持，为大数据技术深入应用在档案信息资源挖掘领域提供了支持。

（一）大数据技术为档案信息资源挖掘工作带来新机遇

大数据是指无法在一定时间内用传统数据库软件工具对其内容进行采集、存储、管理和分析的数据集合。因此，在大数据时代必须使用新的数据处理技术才能实现对数据资源更好的开发和利用。大数据背景下档案信息资源也具备了大数据的特征，主要体现在以下三点：一是各级档案机构所产生的档案信息资源总量日渐庞大且增长迅速；二是档案信息资源种类日趋繁杂，而且结构日渐复杂；三是档案信息资源的价值丰裕度、凝聚度很高。对具备大数据特征的海量档案信息资源进行广泛采集，深入挖掘，对档案信息资源发挥最

大化效用具有不可估量的意义。

档案信息资源的挖掘工作是指对海量的档案信息资源进行采集，并对采集到的数据进行清洗、集成、变换等处理，最后选择相应的挖掘模型，实现对档案信息资源价值的开发和提取，从大量的档案信息资源中挖掘价值、提取知识，从而实现对其进行更为广泛和高效利用的过程。

档案信息资源的大数据化给信息挖掘工作带来了很多困难，如档案信息资源的采集问题、清洗问题、价值分析问题和结果提取问题等，但是大数据技术的使用也给档案信息资源的挖掘工作带来巨大机遇，主要体现在以下三点：

①大数据技术可以实现档案信息资源更系统、全面的采集。大数据处理技术强调对整体数据进行分析和挖掘，以此取代传统档案信息挖掘中以抽样代替整体的方法，可以改变因为遵循传统经验思维搜集局部档案信息进行分析而造成的挖掘成果的片面性和不完整性。云存储技术手段为信息采集提供了足量的空间，为档案信息资源的系统、全面采集提供技术支持。

②大数据技术可以实现档案信息资源的智能化提取，并提高挖掘的精确度和效率。基于云计算的大数据价值分析技术可以在挖掘过程中提高精确度，可视化技术则对档案信息资源进行全面直观的呈现，语义处理技术为档案信息资源的智能检索创造了条件，有利于挖掘效率的提升。

③使用大数据技术对档案信息资源进行挖掘，可以弥补由于档案缺失而造成挖掘结果价值低的问题。大数据技术通过对海量档案信息资源进行处理分析，创建数据资源库，在某一部分档案信息资源存在缺失时，可以根据档案信息资源间的关联性原则对相关资源进行追踪，以补充缺失的档案信息，以保证档案信息资源挖掘结果的完整性和可靠性。

（二）国家政策引领与支持

大数据概念自提出伊始，就成为最热门的名词之一。大数据技术给社会带来了强烈冲击，深入影响着社会的各个领域并引发思想变革。

我国国务院发布了《促进大数据发展行动纲要》，在此通知中指出了我国大数据技术发展的形势和意义，认为大数据成为重塑国家竞争优势的新机遇，并提出了在我国发展大数据的指导思想和总体目标。该纲要提出在未来的国家发展过程中，应利用好我国的数据数量优势，努力实现数据数量、质量和数据应用水平的协同发展，注重对数据资源潜在价值的挖掘，将大数据这一战略资源的作用得到最大限度的发挥，以提升国家竞争力。

在《促进大数据发展行动纲要》中树立了未来发展大数据的指导思想，包括"大力推进政府信息系统和公共互联开放共享，消除信息孤岛，着力推进数据汇集和挖掘，推进数据资源向社会开放"。这些指导思想对于档案信息资源挖掘过程中使用以云计算为代表的大数据技术，实现档案信息资源共享、消除档案信息资源孤岛、实现数据广域采集都具有引导作用。

目前，我国已经认识到大数据对于国家未来发展的重要价值，并为大数据技术的发展提供思想指导和政策支持。档案信息资源是国家记忆的主要构成部分，也承担了保存国家记忆的重要使命，是未来国家战略资源最重要的组成部分之一。在国家积极倡导大数据技术应用的当下，把大数据技术与档案信息资源的挖掘工作紧密结合，构建起一个基于网络的多种类结构的、为中华民族集体记忆的、构建和传承提供文献支撑的"中国记忆"数字资源库，并使用大数据技术对大数据化档案信息资源进行深入挖掘和利用，顺应时代的要求和政策的支持方向，扩大档案信息资源的社会影响力，使档案信息资源为国家信息化进程的深入和国家竞争力的提升作出更大的贡献。

三、大数据技术在档案信息资源挖掘过程中的具体应用

大数据技术对社会生活的各个方面造成冲击，深入影响着人们生产和生活的方式。在档案信息资源的具体挖掘流程中，以云计算技术、可视化技术和语义处理技术为代表的大数据技术正在得到日渐广泛和深入的应用，并取得明显的效果。

（一）云计算在档案信息资源挖掘中的应用

1. 云计算的概念及特征

云计算是一种基于互联网的计算方式。这种方式利用分布式计算和虚拟资源管理等技术，通过网络统一组织和灵活调用，将分散的信息资源集中起来形成共享的资源池，并以动态按需和可度量的方式，向使用各种形式终端的用户提供服务。在云计算环境中，应用软件直接安装到了"云"端的服务器中，而不是用户终端上，用户仅需要通过 Web 浏览器登录到"云"端的管理平台就可以使用软件并得到所需服务。"云"是对计算服务模式和技术实现的形象比喻。"云"由大量基础单元——云元组成，各个云元之间由网络连接，汇聚成为庞大的资源池。

按照云计算服务提供的资源所在的层次不同，可以分为 IaaS（基础设施即服务）、PaaS（平台即服务）和 SaaS（软件即服务）三种服务方式；根据服务对象的不同，则可以分为面向机构内部提供服务的私有云、面向公众使用的公有云以及二者相结合的混合云等。

2.应用必要性分析

云计算的应用必要性体现在以下几方面：首先，可以平衡档案信息资源挖掘基础设施建设。目前，我国档案信息资源开发挖掘工作由于地区经济发展不平衡、经费投入差别大，而在基础设施建设上存在较大差别。一些发达地区在档案信息资源挖掘基础设施的建设上投入大量资金，确保了工作需求得到满足，但是有些经济欠发达地区的基础设施建设存在较大缺陷，没有足够的设施和技术对档案信息资源进行挖掘、开发。这种情况下，通过云计算的基础设施服务来统筹规划档案机构的挖掘工具、管理服务器、存储器等基础设施，通过建设营造云计算环境，向分布的档案机构提供基础设施服务支持，这样不仅可以节省档案信息资源挖掘基础设施建设的资金，还可以平衡不同经济状况地区的档案信息资源开发状况，使挖掘技术力量较弱的档案部门可以应对档案信息资源开发工作。其次，可以拓宽档案信息资源采集渠道。档案信息资源挖掘工作过程中最基础的部分是对海量档案信息资源的采集。广域的数据采集对于档案信息资源挖掘成果的系统性、全面性至关重要。通过云计算构建"档案云"平台，实现档案信息资源共享，对各档案机构、企事业单位的档案信息资源进行统筹规划，合理、存储、调动、分配，消除以往的档案信息资源"孤岛"，将其融合为一个档案信息资源的"海洋"。

云计算存储空间大、计算能力强、安全性高，现在通过云计算实现数据共享的技术条件已经成熟，并在档案信息资源管理领域有所应用，随着档案信息资源的大数据特征进一步明显，云计算必将在档案信息资源的挖掘和开发领域发挥愈发重要的作用。

（二）可视化技术在档案信息资源挖掘中的应用

1.应用必要性分析

大数据背景下档案信息资源种类、结构更加复杂，数量也更巨大，在档案信息资源挖掘过程中，需要对诸多海量的、多元化的、结构复杂的档案信息资源进行直观认知，使档案信息资源的管理者和使用者可以清晰洞察档案信息资源背后所隐藏的信息，并将这些信息转化为可以对自身生产生活发挥实际作用的知识。对档案信息资源的挖掘必须对原始资源有清晰、直观的认识，随着档案信息资源总量的增大，这一过程愈发困难。对于档案信息资源的开发者和挖掘者而言，海量的档案信息如同一个巨大的黑洞，必须对这些资源进行逐一认识、排查、发掘隐藏价值，当原始挖掘对象的总量很大时，还需要对原始信息资源进行检索，在传统的档案信息资源检索条件下为了浏览所有结果，用户只能不断翻页。在档案信息资源的挖掘过程中引入可视化技术，把档案信息资源以及其内部不可见的语义关系以图形的形式直观地呈现，同时在使用计算机对档案信息资源进行处理时更加注重人机交互的过程，能更加系统、高效地对档案信息资源进行发掘，并准确提取其潜在价值，使之发挥更重要的社会效用。

2. 具体应用过程

信息可视化的定义：使用计算机技术，使复杂的数据信息以交互的、可视化的形式体现出来，以增加人们对其的认知程度。可视化技术的主要研究重点在于它倾向于对复杂的数据信息进行综合分析，将其转化为易于理解的可视化图形，通过图形来以最直观的视觉方式展现数据中隐含的信息和规律。人类从外界获取的信息 80% 来自于视觉系统，因而可视化的主要任务在于建立起符合大家普遍认知的、易于理解的心理印象。信息的可视化技术已经发展多年，现在愈发成为人们分析抽象、复杂数据的重要工具之一。

在档案信息资源挖掘领域，信息可视化技术也可以发挥类似的效力。首先，构建一个完整的档案信息资源数据集，即档案信息资源可视化界面，对该数据集中的档案信息资源有全面的认识。其次，对目标所在的相关档案信息资源领域进行放大并剔除不需要的档案信息。之后结合用户的具体需要向用户展示具体细节，通过用户的具体操作和实践过程探索在档案信息资源可视化分析中使用者的行为，以此对可视化系统的实现提供指导，注重档案信息资源之间的关联性和系统性，向用户展示档案信息资源数据项之间的相关性。

档案信息资源的可视化描述是实现其高效、准确挖掘的前提。这一过程主要内容是构建反映档案信息资源具体内容的图符、多维度空间描述图、特征库、知识组织体系和相应的数据压缩格式组成。对于档案信息资源，尤其是以文本形式存在的文书类档案信息资源，可以根据这些档案形成的时间先后将其进行图形化显示，将它们的特性以图形的形式表示。当前可应用于档案信息资源挖掘工作中的文本信息可视化技术有很多种，如标签云技术，将原始档案信息资源的原始属性根据词频规则总结出规律，并按照这样的规律对其进行排列，用大小、颜色、字体等图形属性对原始档案信息资源的关键属性进行可视化表述。除此之外，还有图符标志法，这种可视化方法可以把专业的、复杂的档案信息资源以十分直观和易于理解的形式向挖掘者和使用者进行展示。档案信息资源挖掘过程中通过可视化技术了解挖掘对象的属性和关联性，对采集的海量数据进行去噪处理，有利于管理者和使用者更清晰地认识这些信息资源，从而实现档案信息资源的准确高效提取。

（三）语义处理技术在档案信息资源挖掘中的应用

1. 应用必要性分析

在大数据背景下，档案信息资源的总量呈现出急剧增长的态势，且其结构形态也表现出愈发复杂的特点，多媒体类档案占据了越来越大的比重。在此背景下使用人工方法对档案信息资源进行采集、开发和利用的难度越来越大。语义处理技术在大数据挖掘的过程中为机器提供了可以理解数据的能力，使用自然语言处理技术对原始档案信息资源进行处理，构建数字化档案信息资源跨媒体的语义检索框架，为深入挖掘档案信息资源提供技术支持，可以在语义理解的基础上提高档案信息资源挖掘算法的语义化程度和性能，最终实现对海量、繁杂档案信息资源的快速挖掘、智能提取，提升挖掘质量和挖掘效率。

2.具体应用过程

语义处理技术的主要作用是对原始的档案信息资源进行自然语言处理，以便机器更好地"理解"使用者的目的和需求，从而实现档案信息资源更为精确的提取。自然语言处理是基于计算机科学和语言学，利用计算机算法对人类自然语言进行分析的技术，属于人工智能领域的一个重要方面。自然语言处理的关键技术包括对自然语言的词法进行分析、对语言含义进行分析、对语句语法和内容进行分析，以及语音识别技术和文本生成技术等。在档案信息资源挖掘的过程中，这些技术可以使计算机对原始档案信息资源有深入的理解和认识，使计算机"理解"这些自然语言，有利于档案信息资源挖掘者系统地掌握档案信息资源的内容概要，对档案信息资源进行内容检测，依照关键词义、语义对档案信息资源进行系统分类整理，对原始信息进行深入挖掘检索、质量检测，还可以实现自然语言所表达内容信息不同形态之间的转换，有利于档案信息资源的丰富拓展以及清晰表述，对档案信息资源挖掘效率的提升意义重大，同时也为智能检索技术的应用奠定基础。

自然语言处理技术主要包括两大类，即机器翻译技术和语义理解技术。机器翻译技术，即使用计算机实现对自然语言内容的认识和提取，并将其以文本或其他形式输出，把一种类型的自然语言翻译成另一种类型。语义理解技术则强调把检索工具和语言学进行有机结合，通过对关键词专用检索工具的开发，以及对原始信息的前文扫描，弄清其词义、句意之间的相互关联，从而实现检索工具在语义层次上对检索目标词汇的理解。在自然语言处理技术中会用到汉语分词技术、短语识别技术、同义词处理技术等，对原始语言信息进行系统区分、鉴定和提取。

总的来说，在档案信息资源挖掘过程中，语义检索的主要应用技术方法有两种：语义分析法和分词技术。前者目的在于在资源挖掘中对检索关键词进行语义分析，对关键词进行拆分，并查找拆分后关键词的关联，以及搜索与关键词含义存在关联的其他关键词，最终实现对查询者目的的解读，搜索出最符合使用者要求的结果；而分词技术则是在档案使用者对档案信息资源进行查询时，将其查询词条按照相应标准进行划分，然后按照对应匹配方法把划分后的字串符进行处理，实现对目标资源提取的一种技术。

第三节　大数据环境下的档案信息资源开发与利用

一、大数据环境下档案信息资源开发与利用的主客体分析

利用是一个满足需要的过程，档案信息资源利用的实现，首先，需要档案馆（主体）提供信息开发、传播；其次，需要利用者（客体）有利用需求；最后，主体提供的档案信息恰好或一定程度上能与客体利用者的需要相契合。大数据环境下，档案信息资源利用的主体、客体、目标都发生了一定的变化。

（一）主体

档案馆是永久保管档案的基地，拥有丰富的档案信息资源，是档案信息资源开发的主体。其中综合性档案馆较其他档案馆在人才、资源方面具有独特的优势，是档案信息资源开发利用的主要力量。大数据环境下许多档案馆推出了手机短信、微信、微博等微媒体服务，也有少数档案馆开发了 App 提供档案服务。但是服务方式的增多和档案馆既定的人力、物力资源入不敷出，导致一些档案馆面对新环境力不从心，出现了"有数量没质量"的情况。

（二）客体

档案利用者产生档案利用需求，是档案馆的服务对象。在大数据环境下，一方面，档案利用者的范围在整体上有所扩展，更多的群体可以通过档案馆的微信公众号、微博、App 等途径利用档案实现其参考价值；另一方面，档案利用需求具有"刚性律"，刚性档案需求的利用者变化较少，而这些刚性需求的利用者是档案馆的主要服务对象。在移动互联网大浪潮下，我们要时刻保持冷静，处理好"为谁服务，以谁为主"的问题。

（三）目标

档案信息资源开发与利用的目标是将主体与客体结合以满足利用者的信息需求，在大数据环境下，这一目标是在满足利用者需求的基础上使利用者的利用更加简单、自由，进而促进利用者的利用。在大数据环境下，分析用户档案信息需求，合理选题选材，并通过移动互联网将开发出来的档案信息资源以简单便捷的方式提供给用户。满足利用需求，提

升客户体验是大数据环境下档案信息资源开发利用的最终目标。

二、大数据环境下档案信息资源开发与利用的特征

大数据环境下档案信息资源开发与利用有了一些新的特征，把握变化才能更好地适应这一环境。

（一）空间上的移动性

移动环境指的是人或物处在不断变化的空间环境中，在移动信息服务的过程中，用户及其所持终端是处于移动状态的，总是跨越不同地点，跨越不同情境。一方面，这一特点为档案利用提供了便捷，用户可以获得和利用档案信息的空间自由度加强；另一方面，对档案利用工作提出了挑战：移动空间环境中的干扰因素增加，用户对档案信息利用呈现出碎片化趋势，对于档案信息的质量要求更高；移动环境对无线网络、信息传输等的技术要求也更高。

（二）时间上的碎片化

由空间的移动性导致档案信息资源利用时间的碎片化。这一特点在实现了随时利用的同时对档案信息资源开发者提出了新的要求。大数据环境下人们已经进入"读图时代"，档案信息资源开发形式应该与时偕行，图片、小视频成为受欢迎的形式。另外，集中阅读时间碎片化对档案信息资源的内容也产生了一定影响，人们更加倾向于简单娱乐性的内容。所以档案信息资源开发者应该把握住大数据环境下的新特点，提供用户需要的内容。

（三）用户主导档案信息资源开发

大数据环境下网民的"话语权"得到增强，更加有利于表达自身诉求。传统的由"档案馆"主导的档案信息资源开发逐渐向用户主导转变，一些类似于"我需要的档案信息"的调查活动使用户加入档案信息资源开发的"选题""选材""编辑"，甚至是宣传推广。利用者也是开发者，使得档案信息资源利用率得以提升。

（四）档案信息资源利用的深度增加

大数据环境下档案信息资源的利用从简单的"实物利用"向"知识利用"转变。档案的凭证性作用依然重要，在大数据环境下人们参考档案指导实践活动、利用档案信息进行创作、通过档案记忆历史的例子随处可见。档案信息资源开发利用深度加深。

（五）档案信息资源利用的方式增多

传统档案信息资源利用主要通过到馆利用、档案编研成果利用、档案网站利用来实现，大数据环境下档案利用途径变得更加丰富。微信、微博、手机 App 等多种途径可供选择，也在这些社交媒体中使档案走进千家万户。

三、大数据环境下档案信息资源开发与利用的不足之处

我国各级各类档案馆已经开始利用移动互联网提供多种档案信息利用服务，取得了一定的成绩。然而面对这一新事物，由于问题本身的复杂性及经验上的不足在实践中显现出了一些问题。针对现状，我们主要提出了功能定位、内容、推广几方面的问题，对于法律制度、观念等具有固有滞后性的问题在此不提。

（一）功能定位模糊

大数据环境下，档案馆的定位是指对档案馆利用服务的定位，是对预期利用者要做的事。定位的作用在于指导工作方向，定位确定了档案信息资源开发的方向。换句话说，定位决定档案信息资源开发的"选题"与"选材"。在目前档案馆提供的移动互联网服务中不乏定位模糊的现象。举例而言，一些档案微博中多是局馆新闻动态的内容，少有关于档案利用信息的发布，而局馆动态主要是为档案局（馆）本身服务，也就是其微博定位并非是为预期利用者而是为自身服务。在大数据环境下，档案馆在档案信息资源的传播方面做出了很大的努力，投入了很多资源，例如，开通微信公众号、微博、开发 App 等。但是在选题、选材等内容方面却少有对移动互联网环境的适应和利用。

定位主要是档案馆要把握好"为谁服务"和"主要为谁服务"的问题。大数据环境下档案利用者的范围整体扩大，但是其中主要是传统环境中那些对档案信息资源具有刚性利用需求的群体。在主要服务这些既有利用者的基础上，尽可能地为其他利用者服务。在档案馆的发展中，我们通过"档案利用登记表"积累了许多档案利用者的数据，通过大数据思维我们可以将这些数据转化为新环境下的眼睛，分析利用者特征，找到主要服务对象和他们的利用需求，进而进行科学的选题。但是实际上，无论在实践中还是在研究中，我们只关注了"档案利用登记表"的形成和管理，涉及利用档案登记表预测利用趋势的例子却是凤毛麟角。

（二）粗糙编辑缺乏吸引力

"人靠衣装，佛靠金装"，在这个拼"颜值"的时代，精益求精的编辑是档案信息资

源开发利用中的重要一环。面对大数据环境下的信息大爆炸，精巧的编辑形式有时候是敲开档案信息资源利用大门的"敲门砖"。

档案信息内容的表现形式至关重要。大数据环境下，人们阅读信息的空间移动性和时间碎片化使得我们进入了"读图时代"。相对于文字，我们更喜欢简单直观的图片；相对于图文，我们更喜欢声像结合的"短视频"。在这一方面，档案馆的服务有一定的不足，档案馆在微媒体上提供的档案信息仍然以文字方式为主，平均一篇2000字左右的文章配有3～4张图片，视频文件极少。这些不符合当前利用者习惯的形式会对档案利用效果产生不利影响。另外，平铺直叙的标题、规规矩矩的格式是档案馆目前的现状，引人入胜的标题与独特漂亮的格式应该成为编辑过程中的更高追求。

（三）传播方式缺乏顶层设计

目前档案馆推出的传播方式众多，有手机短信、微信公众号、微博、WAP、App应用程序等。但是由于档案馆的资源有限，众多服务使得档案馆力不从心，结果事倍功半。主要表现有服务众多却无人管理，有一些档案公众号自开通以来从未发布过任何信息，还有一些档案公众号根本无法提供服务。另外，由于缺乏顶层设计和整体规划，各种服务方式之间互相重合而又不能完全覆盖利用功能，导致各种方式的优势得不到体现。这种"有数量，没质量"的情况不仅没有达到我们的预期目的，也造成了资源的浪费和利用者的不满。

第四节　大数据环境下的档案信息服务创新

当前，我们处于信息技术快速发展的大数据时代，我们在享受着大数据时代给我们带来便利的同时，也不同程度地承受着各种困扰。这种情况在档案信息服务利用领域亦是如此，各种新型信息传播技术的应用给原有的档案信息服务方式带来了前所未有的冲击，但是它们也给档案信息服务模式的创新带来了发展机遇。

一、大数据时代档案信息服务研究现状

到目前为止，档案学界尚未形成一个统一的概念，但存在着这样一个潜在的共识，"大数据作为结构化数据、半结构化数据与非结构化数据的总和，不是对数据量大小的定量描述。它是一种在种类繁多、数量庞大的多样数据中进行的快速信息获取"。大数据共有四个特点：一是数据量大，大数据的数据数量从TB级上升到PB级，乃至会上升至ZB级；

二是类型繁多，大数据的数据来源种类繁多，数据形式也是多种多样，包含"文本、图像、视频、网络日志、地理位置信息、用户行为信息等"；三是速度快，大数据的一个重要特点就是增长速度快，有较强的时效性，很容易被其他的数据信息所替代，因此传统的数据管理模式已经无法满足快速的现代数据信息的管理分析需要，一般会采取实时分析和分布式处理方式来管理数据信息；四是数据价值具有稀疏性且相关度不高，数据量虽然庞大且蕴含着巨大的价值，但是单个数据的个体价值很小，只有将所有相关的数据进行综合整理分析之后，才可以发挥巨大的潜在价值，从而对结果进行较为准确的预测。

二、大数据时代档案信息服务模式面临的挑战和机遇

随着科学信息技术的迅速发展，人类也从信息时代跨入大数据时代。相比较传统信息环境，在大数据时代，档案用户的信息需求与档案工作者的服务模式都发生了前所未有的变化，给原有的档案信息服务模式带来了巨大的冲击。而任何新事物都是一把双刃剑，大数据在给档案信息服务带来挑战的同时，也带来了前所未有的发展机遇。目前，档案信息服务模式主要有两种：一是传统实体档案服务模式；二是现代网站档案服务模式。大数据时代的来临为这两种服务模式带来不一样的冲击。

(一) 当前档案信息服务模式

当前档案信息服务模式大致可分为以实体档案为单位的传统实体档案服务模式和以网站为平台的现代网站档案信息服务模式。以实体档案为单位的传统实体档案服务模式是中国自产生档案服务机构以来自实践活动中逐渐产生的，并形成了一套具体完善的档案信息服务理论。以网站为平台的现代档案信息服务模式是伴随着网络的产生而产生的，主要是指电子档案的服务利用模式。目前电子档案服务理论还不够完善，并且存在一些实践问题。虽然如此，提供电子档案信息服务已然成为世界先进的档案信息服务模式，在中国提供电子档案利用服务也逐渐成为一大趋势，并逐渐向主流方向发展。

1. 传统实体档案服务模式

传统实体档案服务模式指以往的档案信息服务机构工作人员就实体档案，对其进行收集、整理、鉴定、保管、统计等，进而为档案需求者提供利用服务。同时该档案信息提供服务的方式主要有：阅览服务、出借服务、复制供应、咨询服务、交流服务、档案证明和档案展览等。这些服务理论和服务方式是在前人的实践基础上积累和总结起来的，是人类智慧的结晶。随着社会的发展以及先进科学设备的引进，传统档案信息服务方式受到一定的影响，但在以纸质档案为主体的中国，以实体档案为单位的传统实体档案服务模式仍占

据着主要位置。同时，先进技术的引进也加快和推动了传统档案服务模式的工作进程。

2. 现代网络档案信息服务模式

顾名思义，现代网络档案信息服务模式是档案服务机构利用计算机网络为档案信息利用者提供档案信息服务的一种服务模式。以网络为平台的现代档案信息服务模式是档案服务机构顺应时代潮流而提供档案服务利用的一种先进服务模式，该模式极大地提高了档案信息服务质量和服务效率，同时该服务模式也拓宽了档案信息服务范围，为档案服务事业的进一步发展创造新的条件。无论是数字档案馆的网络服务，还是现代档案网站提供的档案信息，主要有馆藏档案资源介绍、档案咨询、档案政务、档案展览、档案推送等档案信息，并且大部分省、市都开通了档案网站，这项举措大大提高了档案信息服务效率。现代网络档案信息服务模式主要为利用者提供电子档案信息服务，虽然较为简捷方便，但电子档案的安全性和准确性在大数据时代也面临着极大的挑战。

虽然这两种档案信息服务模式分别能够对实体档案和电子档案提供利用，并且取得良好的效果，但是在大数据时代，这两种模式也存在着一些问题。对于传统实体档案服务模式而言，服务理论、服务手段和服务设备等亟须跟着时代的进步而发生改变，以适应现代化的需求。对于现代网站档案信息服务模式而言，该模式还未形成较为完善的服务理论，仍然处于初级阶段，这需要档案服务工作人员的继续努力促进其快速发展。总而言之，这两种模式既有优点又有缺点，这需要档案工作者继续为档案服务事业努力。

（二）大数据背景下档案信息服务面临的挑战

无论是传统实体档案服务模式，还是现代网站档案信息服务模式，在大数据时代，尤其是电子档案数据信息的快速增长，给以往的档案信息服务模式带来了很大的冲击。数据信息的快速增长及繁多的种类，给档案信息服务带来的挑战主要有以下四方面，下面进行逐一分析：

1. 如何查询所需要的档案信息

随着档案信息化建设的发展，在对档案信息进行查询时，往往所需要查找的档案信息会淹没在大量的不必要的档案信息数据中，特别是对电子档案的查找，检索性能急剧下降。同时，依靠人工查询有用的信息，在传统纸质档案时代是可行的。但在大数据时代，在纷杂的档案信息中查找有价值、值得挖掘的信息是很困难的，这是一件心有余而力不足的事情，这给档案信息服务的初步实现带来很大的问题。因此，如何在大量复杂的档案信息中快速而准确地查找到利用者所需的档案信息是档案服务工作人员要解决的首要问题。无论是用传统实体档案服务模式查询信息，还是用现代网站档案信息服务模式查询信息，大数据为其带来了严峻的挑战。

2. 如何改变原有的服务理念和方式

档案信息服务理念和方式具有间隔性和稳定性，服务理念和方式一旦形成就很难再改变。档案信息服务理念和方式的产生是顺应当今时代的发展要求的，在相当长的一段时间内是稳定的。同时，随着时代的发展和改变，档案信息服务理念和方式也会随之改变，这就造成了档案信息服务理念和方式的稳定性和阶段性。大数据时代是一个全新的时代，它对各个社会生产领域都产生了各式各样的影响，包括档案界信息服务理念和方式。不管在传统实体档案服务模式上，还是在现代网络档案信息服务模式上。因此，最基本的理论观念性问题都应该得到应有的重视，才能够在主观因素上提高档案信息服务水平和工作效率。如何在原有的档案信息服务理念和服务方式的基础上加入大数据时代的元素来顺应社会的发展和群众的需要是一个重要问题，亟待解决。

3. 如何加强基础服务设施建设

在大数据时代，档案信息服务机构基本上都引进了大量电子设备以提高工作质量和服务效率。传统的档案信息服务机构的服务设备面临着淘汰的风险。因为大数据时代的档案信息数量繁多、来源复杂、种类多样，其储存要求远远超过以往的档案信息排架以及承受能力，它急需档案信息服务机构进行基础设施建设来满足其保存和管理要求，从而提供个性化、人性化服务。同时，档案服务机构也要解决好档案信息服务系统的运行环境及维护系统的正常运行以保障档案信息的完整性、安全性以及原始性。加强档案服务基础设施建设是提高服务水平和服务效率的物质条件和客观条件，这一点应该得到社会的重视。

4. 如何培养高素质档案信息服务人才

当今国际实力的竞争，与其说是科学技术的竞争，倒不如说是国家人才的竞争。人才决定国家的综合实力，档案界亦是如此。若想提高档案信息服务质量，要考虑的首要问题就是如何提高档案工作服务人员的专业素养以及综合素质。大数据时代的档案工作人员不仅要掌握最基本的档案管理以及服务知识，还要学习数据分析、数据挖掘等各种计算机知识。只有掌握了这些知识，一名档案工作人员才能更好地分析数据，然后做出准确的预测以提高档案信息服务水平。这点要求是对于从事档案行业工作人员最基本的要求。在当今的档案信息服务部门，尤其是对缺乏数据管理的人才部门来说更要注意好这个问题。

（三）大数据背景下档案信息服务面临的机遇

虽然在大数据背景下，大数据给档案信息服务带来了挑战，但它同时也为档案信息服务带来了很多机遇，无论是服务内容，还是服务模式及服务思想的转变等，这为传统实体档案服务模式和现代网站档案服务模式的新发展带来新的契机。

1. 有助于丰富档案信息服务内容

数据的快速增长为档案服务提供了丰富的档案资源，使得档案服务机构的工作内容能够打破原有的限制，而提供巨量的档案信息资源。就档案馆而言，档案资源除了储藏在本馆内的档案资源外，还可以通过与其他档案馆进行档案信息资源共享，实现档案信息资源云共享。这项举措在很大程度上克服了本馆档案资源的局限性，为利用者提供丰富而有效的档案资源。所以说，这些海量的档案信息资源为档案馆信息服务提供了内在的硬性支持，使其提供的服务内容更加丰富多样，满足利用者的多方面需求。

2. 有助于完善档案信息服务方式

以往的档案信息服务模式基本上都比较倾向于被动服务，档案服务机构很少去主动服务，而且服务方式极为简单被动。最常见的服务模式是用户提出查档要求，档案馆根据其需求查找相应的档案信息资源以提供利用，并且利用者还要办理各种手续，程序复杂，给利用者带来极大的不便。而在大数据时代，档案服务机构可以在保持原有的服务方式基础上，利用各种电子设备和数据技术扩大服务范围，提高服务质量。同样拿档案馆来说，档案馆信息服务应该首先要立足于大数据背景下，在提高原来服务水平和服务质量的同时，还应积极主动地向社会发布一些档案信息，进行档案信息推送，提高服务效率。同时，档案馆还要积极发挥电子档案信息资源的作用，扩大电子档案信息资源的利用范围，发展档案数字化。这也就要求档案服务机构的服务方式和服务流程都要作出相应的转变以适应现代化的需要，其服务方式也要从被动式逐渐向主动式转变。

3. 有助于转变档案信息服务思想

以往的档案信息服务思想是将档案信息服务看作是本机构的一种正常业务来完成，被动而又消极。而在大数据时代，档案利用者则对档案信息服务机构的服务质量和水平提出了更高的要求和期待。档案信息服务机构可以以此为契机转变服务思想，从消极被动向主动热情转变。同时，档案信息服务也要完善为以用户为中心，在满足用户个性化需求的同时也要提供更好的人性化服务。大数据为档案服务机构服务思想的转变提供了现实基础，其丰富的档案信息资源使档案服务机构为用户提供准确的解答、优质的服务成为可能。

三、档案信息服务创新研究的主要内容

大数据给档案信息服务模式带来了冲击，未来档案服务机构的核心竞争力很大程度上取决于其信息服务的能力，这就要求档案服务机构就服务方式进行创新。大数据时代是信息的时代，不仅包括繁多的数据，也包括各种数据平台，如 Web 2.0、微博、微信等。下

面我们就数据平台对档案信息服务创新的方式谈一下自己的认识：

（一）基于云计算的档案信息服务

在云计算背景下，构建数字档案馆是受"服务型数字档案馆"的启发而提出的。之所以构建数字档案馆是因为数字档案馆能够使档案云服务平台应用起来，并且使其系统能够得到有效运营和维护，最大限度地实现档案信息云服务，满足档案信息用户的各种需求。基于云计算构建数字档案馆提供档案信息云服务已经是当前档案信息服务模式的一大趋势。

基于云计算构建数字档案馆主要是对全国的数字档案信息资源进行统一管理，为档案信息服务工作者提供便捷的服务平台。当我们在改善原有的数字档案馆服务模式以及创建新的服务模式时，我们可以借鉴丽水市云服务共享系统的成功之处，在此基础上进行调整，在保持该馆档案特色档案服务的同时，也要适应当前利用者的利用需要，提高服务质量和效率。大体上，数字档案馆云服务系统模型包括以下五个部分：数字档案信息资源、档案云服务基础、档案云服务控制、档案云服务应用和用户终端设备。

1. 数字档案信息资源

基于云计算的数字档案馆可以将多个实体档案馆、机关档案室、数字档案馆等的档案信息资源进行组合，形成一个云档案共享网络。这个方式能够很好地提高数字档案信息资源的利用率，更加全面地满足利用者的利用需求。随着机密性档案的不断公开降密，越来越多的档案信息展现在世人面前，供利用者查阅，档案信息的利用范围也越来越广。因此，为满足利用者的信息需求，数字档案馆需要不断收集实体档案馆的档案信息资源来充实档案云服务资源库。

2. 档案云服务基础

档案云服务基础是实现数字档案馆云服务的基础部分。该部分主要包括服务器、交换器、虚拟机、操作系统等，是实现数字档案馆云服务的硬件要求，为数字档案云服务提供操作平台。云计算中的应用程序只是在互联网上运行，不需要在本地计算机安装，避免了用户的安装、维护等麻烦。但是，我们可以肯定档案云服务在数字档案馆服务中占有基础性地位。

3. 档案云服务控制

档案云服务控制是数字档案馆云服务实现的核心部分，包括数据管理、用户管理、员工管理、系统管理、系统维护等。该部分主要是对档案资源、服务器、虚拟机、交换器、操作系统等设备进行管理和控制，保证该系统的正常运行，为档案云服务的应用打下基础。

4. 档案云服务应用

档案云服务应用是数字档案馆云服务实现的重要环节。该部分主要包括档案的收集、整理、利用、保存、借阅、统计等众多档案基础管理性工作。正是因为档案云服务的应用，才能将数字档案信息资源与用户连接起来形成档案云服务网络，简化档案用户的借阅程序和档案工作者的工作内容。

5. 用户终端设备

用户终端设备主要是为档案用户提供进入数字档案馆云服务平台的端口服务，这可以是任何一种移动终端，如电脑、iPad 和手机等。任何档案馆、档案室以及其他档案管理机构和个人等都可以不受限制地访问任何数字档案馆中的档案信息资源，以满足自身的信息需求。

基于云计算构建数字档案馆创新性云服务在理论上没有太多的问题，但在技术上和生活实践中却存在着很多困难，这需要档案工作者要有勇气、有目标、有毅力地对原有的档案信息服务模式进行革新。随着云计算技术在档案信息服务方面的影响不断扩大，越来越多的人力、物力和财力投入档案信息服务当中去，未来的档案信息服务模式将会焕然一新。

（二）基于 Web 2.0 平台构建档案信息服务互动系统

若想在 Web 2.0 背景下对档案信息服务模式进行创新，档案信息服务机构必须做好档案服务机构与用户之间的交流。要想创新必须要有创新的思维、清晰的思路。在思路创新的基础上，将其运用到档案信息服务机构，创立基于 Web 2.0 的档案信息服务互动系统。该系统在借鉴 NARA 的基础上结合本机构的服务特点进行创建，主要包括以下三大板块：用户板块、档案信息服务人员板块和咨询板块。

1. 用户板块

用户板块主要包括用户管理和用户认证两个部分。用户管理部分主要是负责存储和管理用户相关信息，通过用户认证后就可以获得个性化的档案信息服务。例如，检索相关档案资源，与档案工作者交流，用户向档案机构推荐相关信息资源等。用户认证部分则是档案服务机构对档案用户的权限设置，只有通过认证的用户才可以使用系统内的信息资源。

2. 档案信息服务人员板块

档案信息服务人员板块主要包括信息发布、资源简介、交流方式（QQ、博客、微信）等。信息发布主要是本档案机构发布给员工的内窥工作信息，如值班日期、工作模式、管理规定等内部服务性和管理性文件。资源简介部分主要是利用 RSS 技术将本机构的档案信息发送给利用者，并且将文字、图片或视频档案结合使用来引起用户的兴趣。内部交流方式 QQ、博客、微信则是档案机构提供给员工进行信息交流、发表心得体会的重要方式。

3. 咨询板块

咨询板块是用户与档案工作人员进行沟通的地方。用户通过咨询板块进行信息咨询，并利用 QQ、微信、博客进行信息留言与档案工作人员保持密切联系。信息服务人员也可利用该板块为用户答疑来提高服务质量。

档案信息服务互动系统是一个全方位的档案信息交流平台，该平台由档案服务机构自发研制并采用 Web 2.0 技术，满足利用者的多样化需求。它是一个功能强大的档案服务互动平台，简化了档案职员的本职任务，显著提高了工作质量和水平。此外，Web 2.0 技术在档案服务中的应用将使服务质量更加个性化和人性化，从而提高并增强档案部门的核心竞争力。

（三）基于微信的档案信息服务

微信，它可以快速方便地发送文字、图片、声音、视频等。用户可以通过关注微信公众号来了解想要知道的信息。如今许多档案馆、档案室、立档单位等档案服务机构基本上都开通了微信公众号为广大微信用户提供档案信息服务。这项举措无疑是在原有档案信息服务方式基础上进行的服务创新。

档案服务机构创建各自的微信公众号，构建档案信息服务平台，这个平台大致可以包括以下几个方面：

1. 档案推送

档案工作者必须利用微信向微信用户发布并且推荐一些档案信息资料，无论是文字信息、图片还是视频等，确保微信利用者能够看到自己感兴趣的档案资料，以提高档案信息的公开度和利用率。这些档案资料不仅要包括国家机关档案、社会组织档案、企业档案、个人档案等，还要包括本馆特色的档案信息。同时，档案工作者也可以利用该微信公众号发布一些最新的馆藏信息，如档案馆开放信息、讲座信息、展览信息等。总而言之，档案推送这一板块主要是全面展示本馆馆藏信息与最新信息的。

2. 档案查询

档案查询主要是对用户提供查档服务，根据主题、关键词以及责任者等为用户提供相关的档案信息。服务范围包括档案馆藏资源目录体系、档案使用方法，并在帮助用户的过程中不断总结用户需求，有组织、有计划地组织好档案信息资源、档案资料等。同时，档案服务机构也要逐步改善技术水平，创建档案服务系统，提高档案信息服务的查全率与查准率。档案服务机构也要逐渐完善和丰富档案内容，无论是文字、图片还是视频，要一应俱全，为用户提供丰富的档案资料以供参考和查询。

3. 档案咨询

档案咨询是档案服务机构与用户相连接的中心纽带。微信作为新兴的信息交流媒体具有优秀的 SNS 属性，人与人之间可以进行实时交流、互动和资源共享。用户通过微信能够直接和档案服务人员进行交流，一对一的交流使得双方的理解更为顺畅，也能逐步建立起档案服务人员与用户之间的情感桥梁。通过档案咨询，档案服务人员会正确地认识到工作中都有哪些不足需要改正，提高服务效率；而用户则可以通过在线咨询完整地得到档案服务人员的答复，对档案工作的理解将会更加深刻，确保档案服务人员工作的顺利开展。

我们认为以上三点是任何一个档案微信信息服务平台都必须具备的，其他的附加功能则是根据各自档案服务机构的服务方式、服务内容、服务范围等所决定，不用做太多具体的要求。各自的档案信息服务机构应有各自的服务特色，不能千篇一律。

总之，档案信息服务历来是伴随着档案发展的历史全过程，从分散服务到系统服务，逐渐完善成为一个服务体系。从古至今，档案工作实现着从重"藏"到重"用"、从为一小部分人服务到面向社会服务的重大转变。随着社会的发展，这个转变正在逐渐进行，从纵向层面讲，档案信息资源至今还没有完全开发出来；从横向层面讲，档案服务机构至今还未建立起较为完善的档案信息服务模式以及体系。因此，研究档案信息服务相关内容应该发展成为档案发展事业要务之一。

在大数据时代的背景下，将档案信息服务置于 Web 2.0 环境、云计算环境和各种交流 APP 软件下，研究档案信息服务应将如何创新开展。在 Web 2.0 环境下，我们通过构建档案信息服务互动系统来改变原有的服务方式；在云计算环境下，我们可以通过构建数字档案馆形势下的创新性云服务来提高档案信息服务效率；在微信背景下，我们可以利用微信及其他手机 APP 软件便捷地推广档案信息服务范围。虽然目前在理论研究层面和实践探索层面已经取得了一定的成果经验，但是我们在对档案信息服务方式进行创新研究的同时还要注意以下三方面的问题：一是要提高档案工作人员的服务意识，紧随时代步伐，重视研究、宣传和利用网络技术优化档案信息服务；二是要深化微信平台内容、功能和资源等方面的开发与研究；三是要借鉴其他领域的成功经验，注重理论研究与实践经验相结合。

参考文献

[1] 徐华，薛四新．云数字档案馆安全风险评估研究 [M]．北京：中国社会科学出版社，2022．

[2] 包代兄．档案管理的现代化发展 [J]．传奇故事，2022(13):7-8．

[3] 周军．论档案管理信息化与档案管理现代化 [J]．数字化用户，2022(3):25-27．

[4] 马仟婷，刘曦．关于档案管理现代化的思考 [J]．中国集体经济，2022(18):51-53．

[5] 郭末艾．科学管理和现代化技术在档案管理中的应用 [J]．兰台内外，2022(08):31-33．

[6] 高建会．国企档案管理中现代化管理手段和服务方式 [J]．大科技，2022(07):16-18．

[7] 杨玲花．现代档案管理工作与保存策略研究 [M]．北京：中国纺织出版社，2021．

[8] 李青山，张洪生．企事业单位干部人事档案数字化管理实务 [M]．北京：中国水利水电出版社，2021．

[9] 张敏．浅谈现代化的档案管理策略创新 [J]．神州，2021(09):241-242．

[10] 李晓泉．档案管理基础工作在现代化档案管理中的作用探究实践 [J]．大众投资指南，2021(05):291．

[11] 曲国成．档案局现代化档案管理工作研究 [J]．河南科技报 (科技研究)，2021(01)．

[12] 关绍鹏．试论档案管理基础工作在现代化档案管理中的作用 [J]．名汇，2021(07):66-67，70．

[13] 谢文文．浅析档案管理现代化 [J]．卷宗，2021(16):14-15．

[14] 韩春辉．档案管理现代化与服务创新研究 [M]．哈尔滨：哈尔滨地图出版社，2020．

[15] 张凤丽，胡雪飞，孙娜．"互联网 +"背景下档案信息建设的新发展 [M]．长春：吉林大学出版社，2020．

[16] 张蓉．现代管理科学方法在档案工作中的应用实践 [M]．南昌：江西科学技术出版社，2019．

[17] 陈超．档案工作的美学研究 [M]．延吉：延边大学出版社，2019．

[18] 杨学锋．现代化档案管理与服务研究 [M]．北京：中国商务出版社，2018．

[19] 张鑫．现代档案管理实例分析 [M]．北京：科学技术文献出版社，2018．

[20] 莫求，杨佐志．档案管理工作的实践、探索与研究 [M]．长春：东北师范大学出版社，

2018.

[21] 蔡永明 . 现代化管理手段和服务方式在档案管理中的运用 [J]. 探索科学，2020(11):163-164.

[22] 李建波 . 档案工作创新与现代化管理的途径 [J]. 黑龙江档案，2020(05):33-34.

[23] 杜曼 . 加强档案管理的人才培养　推动档案管理现代化 [J]. 卷宗，2020(03):90.

[24] 石玉柱 . 档案管理在档案管理现代化中的运用 [J]. 环球市场，2020(04):187.